Zimmermann
Bernd '89

BASTEI
LÜBBE

Von Hartmut Huff ist außerdem bei BASTEI-LÜBBE erschienen:

63 101 Shoot again!
63 106 Metro-Subway-Underground

Hartmut Huff

BILLARD

Karambolage und Poolbillard
Regeln und Techniken

BASTEI
LÜBBE

BASTEI-LÜBBE-TASCHENBUCH
Band 68 023

Erstveröffentlichung
© by Gustav Lübbe Verlag GmbH, Bergisch Gladbach
Printed in West Germany, Oktober 1989
Einbandgestaltung: Adolf Bachmann
Satz: ICS Communikations-Service GmbH, Bergisch Gladbach
Druck und Bindung: Clausen & Bosse, Leck
ISBN 3-404-68023-5

Inhalt

Vorwort

Billard fasziniert mich als Zuschauer wie als Spieler. Aber ich habe ein Problem: ich bin ein miserabler Spieler. Das liegt unter anderem daran, daß ich nur noch selten zum Spielen komme.

Einerseits bedauern das meine Billardspielpartner, andererseits dürften sie eher froh darüber sein. Nichts ist anstrengender, als ständig schlecht ausgeführten, oft überhasteten, zudem unüberlegten Stößen am Tisch zuschauen zu müssen. Das ist in meinem Fall weniger mangelndes Können, sondern vielmehr Beweis für unkonzentriertes Spiel.

Daß ich es unter diesen Voraussetzungen dennoch gewagt habe, ein Billardbuch für Anfänger zu schreiben, hat Gründe. Es gibt wenig Billardliteratur, die für Anfänger geeignet ist und das Geschehen auf dem grünen Tuch verständlich und zugleich sachlich richtig darstellt. Entweder wird man mit ungeheuren Wortgeschwulsten konfrontiert, die den Kern der Sache mehr verdunkeln als erhellen, oder man blickt hilflos auf gezeichnete Billardfiguren, zu denen zwar erläutert wird, wie die Bälle laufen, nicht aber, wie sie zu spielen sind oder warum sie so und nicht anders gespielt werden sollten.

Der Teil Spieltechnik ist deshalb sehr kompakt gefaßt. Die Darstellung der Figuren wurde um die Stoßkugel mit dem jeweils richtigen Stoßpunkt ergänzt, wobei zu berücksichtigen ist, daß die zweidimensionale zeichnerische Darstellung eines dreidimensionalen Körpers mit Vorsicht betrachtet werden muß.

So wichtig die Theorie um Ball und Bande ist – Billard lernt man letztlich nicht durch Lesen, sondern durch Spielen und Zuschauen. Die einzig richtige Adresse für Anfänger ist der örtliche Billardverein, will man von Grund auf richtig spielen lernen. Fürs Spiel mit den Bällen wünsche ich Freude, Erfolg und ein bißchen Entspannung.

Für letztere sollen in diesem Buch drei Geschichten ums Billard sorgen, wobei hinzuzufügen wäre, daß jede Ähnlichkeit mit lebenden Personen oder tatsächlichen Ereignissen nicht unbedingt zufällig ist.

Abschließend sei darauf hingewiesen, daß ein Teil der Figuren nach »Woerz' Billardbuch«, Berlin, 1925, entstanden ist, weitere Abbildungen nach »Billard« von Walter Leffringhausen, Sportverlag, Berlin 1985.

Geschichte und Geschichten

Wer die Worte Billard und Sport im Zusammenhang erwähnt, erntet gemeinhin ein herablassendes oder günstigstenfalls ein verständnisloses Lächeln. Das verbreitete Bild vom Billard schließt diese Zuordnung aus.

Billard gleich Sport? Obligatorisch ist die Vorstellung vom Luden- und Ganovenmilieu, von der verräucherten Kneipe im Rotlichtviertel mit Billard-Hinterzimmer – Einlaß nur auf Klopfzeichen, nachdem der feiste, zigarrenkauende Wirt am Tresen mit kurzem Kopfnicken den Weg nach hinten gewiesen hat –, aus dessen Tür dann Brilli-Paul oder Schränker-Willi den Schädel steckt, um sich von der Identität des Zutritt Begehrenden zu überzeugen.

Am Tisch wechseln gebündelte Riesen und Hunnis nach leise klackender Carambolage der Bälle oder erfolgreichem Einlochen die Besitzer, dieweil die dubiosen Gäste auf den Beginn der Großstadtnacht warten, um ihrem kriminellen Gewerbe nachgehen zu können.

Filme wie »Haie der Großstadt«, das Remake »Die Farbe des Geldes« oder auch »Das Mädchen Irma La Douce« haben zur Verbreitung dieses (Pool)-Billard-Klischees ebenso beigetragen wie einschlägige deutsche Krimikrampfproduktionen der fünfziger Jahre und unsägliche amerikanische Fernsehserien wie »Chicago 1930« bzw. »Die Unbestechlichen« – Titel je nach ausstrahlendem Sender, etwa mit der Folge »Eine Nummer zu groß«.

Der Verbindung des Billard mit niedrigem sozialen bzw. gesellschaftlichen Status der Spieler ist da naheliegend. Ein »Zeitvertreib für Rentner und Arbeitslose« oder »Feierabendvergnügen für Primitive« (Originalzitate 1989!).

Daß in den letzten Jahren das Poolbillard ausgerechnet durch die hinreichend diskreditierten »Spielsalons«, die »Spiel- und Sporthallen« und »Automatenfreizeitzentren« so große Popularität erlangte, hat selbstredend noch mehr Wasser auf die Vorurteilsmühle geschüttet.

Das »Buch der Spiele« von 1900 weiß hingegen (trotz einiger grundlegender Sachfehler im Billardteil): »Das Billardspiel erfreut sich seit einer langen Reihe von Jahren großer Beliebtheit. Man kann seine Spuren bis in das siebzehnte Jahrhundert verfolgen. War es aber damals nur eine Unterhaltung der besseren Kreise, so findet es sich heute überall, und es gibt kaum ein Wirtshaus oder eine Restauration, wo nicht ein oder mehrere Billards für die Gäste aufgestellt sind. Hier ist es natürlich nur das männliche Geschlecht, welches diesem Sport obliegt, in Privathäusern ist das Billard aber auch ein beliebtes Spiel für Damen – denn es gibt kaum ein Spiel, welches so geeignet ist, die durch schlechtes Wetter usw. gehinderte Bewegung im Freien reichlich zu ersetzen. Der ganze Körper wird beim Billardspiel in Mitleidenschaft gezogen, und Auge und Hand gewinnen an Stärke und Festigkeit.«

»Trägt schon jedes Spiel in sich einen gewissen Reiz, so wird derselbe beim Billardspiel in ganz außerordentlicher Weise dadurch erhöht, daß es einmal ein Bewegungsspiel ist, welches dem Körper gesund und zuträglich ist und ihn veranlaßt, sich in den mannigfaltigen Stellungen zu bewähren; daß es jene Tugend, welche Kenner bei dem englischen Volke so hochschätzen, nämlich die Besonnenheit und die Ruhe auf den Körper überträgt – ferner dadurch, daß eine konstante geistige Anstrengung notwendig ist, um den stets veränderten Lagen des Spieles gerecht zu werden, und daß es die Urteilskraft in ganz eminentem Grad herausfordert, insofern man sich selbst und den Gegner kritisiert.«

Klingt auch die Wortwahl heute antiquiert – das Wesen des Billard ist erfaßt: Ein Sport für Geist und Körper – in dieser Reihenfolge wohlgemerkt –, der eben Konzentration und Körperbeherrschung verlangt.

Billard setzt Kondition in beiderlei Hinsicht voraus. In den Trainingsstunden – Profis und engagierte Amateure arbeiten mehrere Stunden täglich am Tisch – kommen Laufkilometer zusammen, die das Pensum von Joggern mühelos übertreffen. Die Körperbeanspruchung beim Anvisieren, bei der Einschätzung und Beurteilung für die optimale Anlage des Dessin, der Lösungsform für eine Karambolage, wird einem oberflächlichen Zuschauer wohl kaum bewußt. Der amtierende Weltmeister, der Belgier Raymond Ceulemanns, nach eigenen Angaben bei Turnieren zuweilen viel zu schwer, verriet, daß es bei einem längeren Wettkampf bis zu fünf Kilo Gewicht verliert.

Zur geistigen Leistung nur ein Beispiel: Ein Billardmeister muß sich Positionsbilder merken wie ein Schachmeister Spielzüge und Partien. Am grünen Tisch geht das leicht in die Zehntausende.

Wie fing's denn eigentlich an?

Selbst der »Brockhaus« kann nur vermuten, daß »Billard wohl im 16. Jahrhundert in Italien entstand und in Frankreich und England weiterentwickelt wurde«. Nachweise dafür sind nicht zu erbringen.

Die Geschichten um Entstehung und Herkunft des Billard, die immer wieder kolportiert werden, sind zwar amüsant oder anrührend zu lesen, aber von einem historischen Wert, der nicht über den der Heiligenlegenden hinausgeht.

In Ermangelung geschichtlicher Fakten einige Beiträge zur Legendenvertiefung, wobei interessanterweise italienische Billardgeschichten nicht überliefert sind.

Zunächst ein Engländer als Billard-Erfinder. Name: Bill Knew. Beruf: Pfandleiher. (Ecce!) Anfang der dreißiger Jahre des 16. Jahrhunderts soll er zwecks Beschäftigungstherapie bei schlecht gehendem Geschäft drei Bälle oder Kugeln auf dem Tisch mit einem Meßstock gegeneinandergestoßen haben. Des Ballaufhebens leid, nagelte er ringsum Leisten an den Tisch, womit das Herunterfallen der Kugeln verhindert wurde. Ergebnis: Ein Hof oder »Yard«. In englischer Lesart »Bills Yard«. Verballhornt Billard.

Ein französischer Erfinder wird nicht genannt. Immerhin aber heißt die (kleine) Kugel auf französisch »bille«, und mit etwas Wohlwollen ist »L'art de bille« – was der »Kunst der Kugel« entspräche – abgeschliffen auch als Billard lesbar.

Was soll's? Festzuhalten bleibt, daß die Billardsprache Französisch ist. Und drei Billardlegenden stammen aus Frankreich. So die um Karl IX., der sich am 24. 8. 1572, in der Bartholomäusnacht, durch die Schreie der sterbenden Hugenotten beim Billard derart gestört fühlte, daß er Anweisung gab, das Morden an abgelegenerer Stelle fortzusetzen. Oder Louis XIV. Der vierzehnte Ludwig soll seine

Verdauungsstörungen auf Verordnung des Leibarztes billardspielenderweise bekämpft haben.

Als Grabsteininschrift für Ludwigs Finanz- und späteren Kriegsminister Baron Michel de Chamillard wurde angeblich vorgeschlagen: »Hier ruht der berühmte Chamillard, der ein Held am Billard, eine Null im Ministerium war.«

Einem französischen Offizier wird übrigens die Erfindung der ledernen Queuekappe zugeschrieben. Auf die Idee, so will es die »Geschichte«, ist er während der Mußestunden einer langjährigen Festungshaft gekommen. Der Name des »spitzfindigen« Mannes wurde nicht überliefert.

Die schottische Königin Maria Stuart hat sich die Wartezeit auf den Urteilsspruch von Königin Elisabeth I. angeblich am Billardtisch vertrieben, bis diese – wohl als Krönung ihrer Rache – auch noch selbigen aus der kargen Zelle entfernen ließ. Indes fand auch die jüngere Stuart-Forschung in Dokumenten aus jener Zeit keinerlei Hinweise auf dieses unkönigliche Verhalten.

Ein regelrechtes Billardfieber muß Preußen Anfang des achtzehnten Jahrhunderts erfaßt haben. Ein Berliner Gastronom erwarb die erste Lizenz für das Aufstellen von Billardtischen in Deutschland. Das Spielvergnügen uferte derart aus, daß der Berliner Klerus einen deutlichen Schwund an Kirchenbesuchern verzeichnete. Was die preußische Regierung 1707 veranlaßte, das Billardspielen vor den Sonntagsgottesdiensten zu verbieten.

Fast anderthalb Jahrhunderte später konstatierte ein Konversationslexikon wohlwollend zum Thema Billard, daß »es eine gesunde, die Gewandtheit fördernde, nicht anstrengende, mehr auf das Gelingen der darauf gewendeten Bemühungen gerichtete Bewegung hat, so daß es besonders in Kaffee-, Gast- und Gesellschaftshäusern, selbst für die mittlere Volksclasse, allgemein geworden ist.«

Rendezvous am grünen Tisch

Die Billardjüngerschaft rekrutiert sich aus allen Berufs-
schichten und »Ständen«. So verschieden die Schauplätze,
wo man spielt, so unterschiedlich die Protagonisten.

Es sollte doch ein angenehmes Gefühl sein, in der Tradition
mehr oder weniger absolutistischer Herrscher zu stehen,
zumindest in puncto Spiel. Als prominenter Vertreter aus
der Vergangenheit wäre auch Immanuel Kant zu nennen,
der sich sein Studium mit Billardspielen verdient haben soll.
Prominente Billardäre von heute sind unter anderem der
belgische König Baudouin, Felipe Gonzales, seines Zeichens
spanischer Ministerpräsident, und Michail Gorbatschow.
Bundesdeutsche Politiker hüllen sich, nach Billard-
ambitionen befragt, in Schweigen. Vielleicht, weil Köpfchen
dazu gehört.

Doch zurück zum gemeinen Volk: In einem Duisburger
Karambolage-Billardsalon, der fast direkt an der Rhein-
brücke liegt, welche die Stadtteile Hochfeld und das zu
fragwürdiger bundesweiter Berühmtheit gelangte Rhein-
hausen miteinander verbindet, spielen die Leute von der
Kupferhütte. Die beklemmende Arbeitssituation und die tri-
ste Kulisse der umliegenden Werke, die sich im matten
Wasser des Rheins kaum mehr spiegeln, sind beim konzen-
trierten Spiel völlig vergessen.

Nicht anders hinter der nächsten weiten Rheinbiegung fluß-
aufwärts, wo der Ortsfremde sich ungläubig mit ländlicher
Idylle konfrontiert sieht und der dazugehörigen Dorf-
schenke mit – kleinem – Billardtisch. Da spielen dann
Schüler und Studenten ihre Karambolage, und der Tisch
– zehn Minuten kosten eine Mark – ist fast pausenlos
belegt.

Völlig gemischtes Publikum auf der Reeperbahn in Hamburgs St. Pauli, im »Queen's«, fast unmittelbar neben dem Panoptikum. Zwei lange Reihen mit Karambolage-Tischen, ein einsamer Pooltisch in der Ecke, die sich neben dem Ende der scharfgewundenen Treppe findet. Im Salon in der ersten Etage machen vormittags die Rentner ihr Spiel, gekonnt, konzentriert und ruhig. Journalisten oder Werbeleute am einen Tisch, Hafenarbeiter vielleicht oder Studenten nebenan. Dahinter mal Luden, mal LKW-Fahrer, mal Angestellte. Frühabends oft Filippinos, später häufig Sinti. Eine große, bunte Gemeinde, die das Billard zumindest räumlich vereint.

Auf dem Spielbudenplatz, in der Mitte der Reeperbahn und gegenüber dem »Queen's«, breitet sich eine Domäne der Poolspieler aus, im Obergeschoß der »Spielothek«: Hydrokulturen und Teppichböden, Mahagonitäfelung und viel Licht. Hier sind die Spieler jünger. In »Klein St. Pauli«, im Stadtteil St. Georg, reihen sich ebenfalls Automatensalons mit Poolbillard-Betrieb. Ein weiteres Billardcenter findet sich in Wandsbek, neu ist das an der Winterhuder Straße. Das Dorado für Münchner Billardisten ist das Domizil des Münchner Billard Vereins an der Goethestraße, in unmittelbarer Nähe des Hauptbahnhofs. Eine weitere Spielgelegenheit – Karambolage und Pool – findet sich im Salon an der Schellingstraße in Schwabing. Und in Giesing poolt man an der Tegernseer Landstraße fast direkt neben den Hendln des Wienerwald und den McDonald-Fleischklöpsen. Drei von unzähligen Billardmöglichkeiten in der bayerischen Weltstadt mit Herz.

Wer spielen und wirklich lernen möchte, findet ansonsten Auskunft in den Gelben Seiten oder einfach im nächsten Lokal, in dem ein Tisch steht.

A propos Herz. Darum geht es neben Billard in der ersten Geschichte, bevor wir uns an den grünen Tisch begeben.

DAS MÄDCHEN AM POOL

Berger hat uns die Geschichte später nur noch einmal erzählt, und da lächelte er am Ende etwas traurig. Aber als alles noch ganz frisch war, amüsierte er sich anschließend königlich und fand sich toll, wie man so sagt.

Die Geschichte ereignete sich in einer kleinen Stadt am Niederrhein, nahe der holländischen Grenze. Berger, der am Tag zuvor ein paar hundert Kilometer weiter südlich zu Hause mit vielen Freunden seinen fünfundvierzigsten Geburtstag gefeiert hatte, kam am frühen Abend bei Nieselregen an. Er begab sich in seine Pension, aß eine Kleinigkeit und fragte, wo er sich unterhalten könne. Die Pensionswirtin, eine verdrossen wirkende Mittfünfzigerin, schaute ihn unwirsch an, schüttelte dann den Kopf und zuckte mit den Schultern. Nein, um die Zeit gäbe es wohl nichts mehr. Es sei ja schließlich schon spät.

Berger war um halb neun abends einfach zu wach, um sich auf sein Zimmer zu begeben. Er schlug den Kragen seiner Jacke hoch und ging hinaus in den Nieselregen. Als er vor der Tür stand und über den kleinen Marktplatz blickte, der von schmucken, nahezu dunklen Backsteinhäusern gesäumt war, entdeckte er auf der anderen Seite ein gelbes Leuchtschild mit der roten Aufschrift ». . .lardsalon«. Der Rest der Lettern war durch einen Kiosk verdeckt. Früher war das Schild noch nicht da gewesen. Aber früher war schließlich lange her . . .

Berger steckte die Hände in die Hosentaschen und schlenderte gemächlich durch den feinen, kaum spürbaren Regen auf das Schild zu. Marktplatz und Straßen waren verlassen. Nur einmal durchschnitt ein schnelles Scheinwerferpaar die feuchte Dunkelheit, glitt über die gestutzten Platanen. Das Motorengeräusch verlor sich rasch und schwand dann ganz.

›Es hat sich überhaupt nichts verändert‹, dachte Berger. ›Seit zwanzig Jahren hat sich nichts verändert. Verschlafen, spießig, nichts los – eben ein Kaff.‹

Aus dem »...lardsalon« auf dem Schild war inzwischen »Spielhalle und Billardsalon« geworden. Berger erkannte, daß sich der Salon dort befand, wo vor Jahren ein Schuhgeschäft gewesen war. Er stieß die mit gelber Folie verklebte Glastür auf, streifte die Füße auf der Gummimatte ab und ging hinein. In einem kleinen Raum rechts dudelten Münzautomaten, daneben zwei Videospielgeräte und ein Flipper. Auf einem Hocker saß ein Mann in seinem Alter, der Berger einen flüchtigen Blick zuwarf, um dann weiter seinen Rotamint zu füttern.

»Wo steht das Billard?« fragte Berger die kleine, dickliche Frau, die auf einem Podest wie ein Posten vor ihm thronte. Die Frau legte ein zerfleddertes Romanheft beiseite, schaute über ihre Brille hinweg Berger an, dann auf die Wanduhr neben dem Türdurchbruch zum nächsten Raum und sagte: »Da drüben, aber ich schließe heute um halb elf. Ist ja nichts los.«

»Für ein paar Partien wird's aber noch reichen, oder?« fragte Berger.

Die Frau nickte. »Zehn Mark Kaution für die Kugel«, entgegnete sie und streckte die Hand aus.

Berger holte einen Zehner aus der Tasche, reichte ihn ihr, und dachte dabei ›Kugel, natürlich. Woher soll die auch wissen, daß das Ball heißt?‹

»Die Stöcke stehen drüben«, fuhr die Frau fort. »Brauchen Sie Markstücke?«

Berger schüttelte den Kopf und betrat den kleinen Raum links vom Podest, in den irgendwie die Kleinstausgabe eines Pooltisches gezwängt worden war.

Im grellen Neonlicht sah er Streifspuren auf dem ohnehin fadenscheinigen Tuch. ›Das kann ja heiter werden‹, dachte Berger. ›Aber immer noch besser als nichts.‹

Die Queues, das stellte er bald fest, waren mit zwei Ausnahmen eine Ansammlung von Brennholz. Die Kreidestücke, die auf der schmalen Leiste der Wandhalterung lagen, waren tief ausgehöhlt.

Berger zog das weiße Kunststoffdreieck aus dem Fach, setzte es an den Fußpunkt und steckte ein Markstück in den Münzschlitz. Der Öffnungsmechanismus für den Kugelschacht klemmte, und er rüttelte ein paarmal heftig.

»Sie müssen feste draufschlagen«, hörte er die Frau durch den Türdurchbruch rufen. Berger hämmerte mit seinem Handballen darauf, und die Bälle kollerten in die Rinne.

Er stellte die Bälle zur Rotation auf, legte den weißen Ball ins Kopffeld und versuchte, Stellung zu beziehen, nachdem er das Kunststoffdreieck wieder eingeschoben hatte. Die Enge des Raumes spürte er, als er mit dem Ende des Queue irgendwo anstieß. Berger versuchte, das zu ignorieren, visierte den Einserball über die Weiße an und stieß kräftig.

Überraschenderweise verschwand die Dreizehn in der Tasche oben links, ohne daß er die Eins getroffen hatte. ›Egal‹, dachte Berger, ›schaut ja sowieso keiner zu.‹

Die Bande war fast tot, wie sich zeigte. Aber mit dem leisen Klacken der Bälle und dem hohl kollernden

Geräusch, wenn einer in einer Tasche verschwand und in den versperrten Schacht rollte, fand Berger bald einen Rhythmus, der ihn alle Unzulänglichkeiten vergessen ließ.

Er spielte, um sich die Zeit zu vertreiben, spielte mit jener amüsierten Gelassenheit, die einen erfüllt, wenn man nichts zu verlieren hat. Er zielte und stieß, versenkte den einen Ball, den anderen nicht, und merkte eher unbewußt, daß er in Gedanken nicht beim Spiel war.

Er hörte sich plötzlich laut ansagen. »Vierzehn, oben rechts.« Er zielte und stieß, und der Ball verschwand in der Tasche. Und im Rollen des weißen Balles sah Berger sich wieder aus dem »Reichskanzler« kommen, wo er mit Clubfreunden trainiert hatte. Karambolage – was sonst? Am nächsten Samstag sollte das Turnier mit den Holländern stattfinden. Dafür mußte er in Form sein, denn die Pfeffersäcke waren sehr gut.

Beim ersten Versuch, die Acht einzutaschen, glitt das Queue kicksend ab. Die Frau auf dem Podest reckte den Hals. Dann verschwand die Acht in der falschen Tasche. Berger schob die nächste Mark in den Schlitz und wieder kollerten die Bälle heraus. Nebenan winselte der Rotamint.

Ein Sonntag im Frühsommer, kurz vor Mittag. Aus den geöffneten Fenstern drangen das Klappern von Geschirr und Bestecken und Essensdürfte. Die Glocke der kleinen Kirche schlug Viertel vor Zwölf, als Berger seine Wohnung erreichte. Er wollte sich nur umziehen und dann Petra abholen, um mit ihr essen zu gehen. Sie hatten viel zu besprechen. Natürlich würde ihre Hochzeit in einem Monat das Thema sein. Die Gästeliste war noch nicht komplett. Der Wunschzettel mußte vervollständigt werden. Noch immer offen war das Ziel ihrer Flitterwochen.

Berger ahnte, daß etwas nicht stimmte, als er den weißen Briefumschlag nach dem Öffnen der Eingangstür fand. Einen dieser schlichten kleinen Umschläge ohne Anschrift und ohne Absender. Nur eine kleine kreisförmige Ausbuchtung in einer Ecke.

Er baute für 14.1-Endlos auf. Das Billard als Gegner. Jetzt wollte er plötzlich gewinnen. Serienspiel. Abräumen. Er hörte sich ansagen, hörte die Bälle kollern und im Poolinnern dröhnen und klacken. Er sah die Queuespitze, und sein Ziel war er selbst. Gedankenziel.

Er setzte das Köfferchen mit dem Queue ab, stieß die Tür hinter sich zu und riß den Umschlag auf. Ein Zettel lag darin, aus einem Spiralblock gerissen. »Ich hab's mir anders überlegt. Petra«, stand darauf. Sonst nichts. Und die kreisförmige Ausbuchtung entpuppte sich als Verlobungsring.

Berger war wie vom Donner gerührt. ›Was heißt denn anders überlegt? Und wieso vier Wochen vor der Hochzeit? Weshalb? Was ist los?‹

Er hatte sich nicht umgezogen, sondern war zu dem Einfamilienhaus in der Erftstraße hinübergerannt, wo Petra bei ihren Eltern wohnte. Ihr Vater war in Hemdsärmeln an die Tür gekommen, eine Serviette in der Hand. Nein, Petra sei nicht da, schon vorgestern abend zu Verwandten gefahren.

Er traf wieder in die Kickszone, und die Zwölf sprang über die Bande. Die Frau auf dem Podest schüttelte mißbilligend den Kopf, sagte aber nichts, sondern versenkte sich wieder in ihre Lektüre.

Der Mann wirkte noch abweisender als sonst. Berger hatte von Anfang an gewußt, daß er als Schwiegersohn nicht willkommen war. Die Verhältnisse, aus denen er kam, paßten dem Herrn nicht. Daß er sich in Kneipen herumtrieb, kam dazu. Ein Billardspieler. Das war für ihn fast gleichbedeutend mit einem Ganoven.

Der Mann wußte angeblich auch nicht, wie lange Petra wegbleiben würde. Überhaupt nichts. Sie würde schon ihre Gründe haben. Berger ging. Der Sonntag war für ihn gelaufen.

Berger hob den Ball vom Boden auf und murmelte abwesend ein »Tschuldigung«. Er setzte den Ball irgendwohin auf den Tisch, lehnte das Queue an die Wand und nestelte in seiner Jackentasche nach dem Zigarettenpäckchen. Als er sich eine anstecken wollte, hörte er die Frau rufen, »Am Billard ist rauchen verboten.« Berger nickte und legte die Zigarette in einen Glasascher, der auf der Heizung stand. Er ging zurück an den Tisch und schmierte das Queue.

Am Montag hatte Berger versucht, Petra zu erreichen. Vergeblich. Auch in den folgenden Tagen kam er nicht an sie heran. Beim Turnier spielte er unkonzentriert, stümperhaft wie ein Anfänger. Die Clubkameraden bemühten sich zwar, Verständnis für seine Situation zu zeigen, aber die Niederlage gegen die Holländer war ärgerlich.

Zwei Wochen später, wieder an einem Sonntag, sah Berger zufällig, daß ein VW-Cabrio vor Petras Haus hielt. Ein junger Mann in seinem Alter hupte, flankte heraus und baute sich mit ausgebreiteten Armen vor dem Gehweg zur Eingangstür auf, aus der auch gleich Petra gestürmt kam und ihm um den Hals fiel.

Berger machte kehrt und ging nach Hause. Er holte eine Flasche Weinbrand und ein Glas aus dem Schrank, setzte sich an den Küchentisch, schenkte ein, trank und grübelte. In einer Kleinstadt wie dieser war er zunächst mal unten durch. Die Leute amüsierten sich ohnehin schon über ihn. Das hätte ihn wenig gestört, wenn er nur gewußt hätte, warum, wenn sie nur mit ihm gesprochen hätte. Irgendein klärendes Wort vielleicht. Aber so...

Als die Flasche noch dreiviertel voll war, hatte er seinen Entschluß gefaßt. Vier Wochen später war er weg.

Berger beförderte die Acht wuchtig in die richtige Tasche. Die nächste Mark, neuer Aufbau. Ein Blick aufs Handgelenk. Er hatte vergessen, seine Armbanduhr nach dem Duschen in der Pension anzulegen. »Kann ich noch eine?« fragte er die Frau.

»Noch 'ne Stunde«, sagte sie. Es schepperte Groschen aus dem Rotamint. »Laß mir auch noch was, Paul«, meinte die Frau. Der Mann am Münzspielautomaten rief kurz »Jau.«

Das Quietschen der Tür hatte Berger nicht gehört. Auch nicht das halblaut geführte kurze Gespräch, das darauf folgte. Wortfetzen drangen zu ihm, die er hörte, ohne sie wahrzunehmen. »...Vater...« und »...nach Hause.« Und »... sowieso langweilig...« Der Mann beteiligte sich mit Nörgelstimme an dem Gespräch.

Berger war wieder ganz konzentriert. Was nichts daran änderte, daß die Bälle einfach nicht liefen. ›Tote Bande, tote Hose‹, dachte er. Und sagte laut, »Vier, unten rechts.«

Die Vier verschwand überraschenderweise tatsächlich unten rechts. Er schüttelte den Kopf.

»Spielen Sie noch lange?« Es war eine junge Stimme, halb mädchenhaft, halb schon fraulich.

Berger blickte nicht auf. »Ich mach' gleich Schluß«, murmelte er. Dann wieder laut »Fünf, oben links.«

Die obere linke Tasche schluckte die Fünf, die sich kollernd zu ihren Vorgängern gesellte.

»Toll«, meinte die Stimme bewundernd.

»Zufall«, erwiderte Berger kurz. Die Stimme störte ihn. ›Was war eigentlich dann gewesen?‹ überlegte er. ›Nichts weiter‹, beantwortete er seine Frage. ›Nur immer auf Achse, nach dem Motto ›Heute hier, morgen dort.‹ Er sagte laut: »Sechs, Mitte rechts.«

Der Ball verschwand.

»Klasse«, meinte die Stimme, und Berger blickte auf.

Es gibt diese Augenblicke, in denen man glaubt, ein Ereignis schon einmal erlebt zu haben. Eine Person zu kennen, die man nie zuvor gesehen hat. So und nicht anders. Irgendwann früher, in einem anderen Leben vielleicht. Diese Augenblicke sind mit einem Erschauern verbunden, bei dem der Körper von einem Gefühl unerklärlicher Freude erfüllt wird, von einer wohltuenden Wärme, einem sanften Kribbeln.

Das Mädchen mochte vielleicht neunzehn oder zwanzig sein. Es trug Jeans und einen eng sitzenden Pulli. Da stand Petra, die ihn mit graublauen Augen aus dem hübschen Gesicht unter brünettem Haar anschaute. Sicher, ihr Haar hatte diesen Farah-Fawcett-Windschnitt, wohingegen Petras Haar halblang gefallen war. Aber die Ähnlichkeit war unverkennbar.

Berger spürte, daß sein Mund trocken wurde. Als er die Neun anvisierte, bemerkte er das Zittern seiner rechten Hand. ›Eine Situation wie aus einem Groschenroman‹, dachte er. ›Der versetzte Verlobte trifft Jahre später in seiner Heimatstadt die erwachsene Tochter seiner Verflossenen.‹

Er setzte ab und versuchte es noch einmal. Dabei fiel ihm ein, daß er beiläufig vorhin das Wort »Vater« gehört hatte.

›Altersmäßig könnte das stimmen‹, überlegte Berger. ›Aber das gibt's doch gar nicht – Petras Tochter, ausgerechnet hier, und der Mann von damals, natürlich ihr Vater, dattelt am Münzautomaten. Und ich...‹

Er führte den Gedanken nicht zu Ende. Unmöglich. »Neun, unten links«, sagte er halblaut, stieß, und die Bande spielte wider Erwarten auch diesmal mit.

»Ist ja Wahnsinn«, kommentierte das Mädchen. Sie war näher an den Pooltisch getreten, und Berger fing den Duft eines jungen Parfüms ein. »Spielen Sie schon lange?« fragte die junge Petra.

»Hmmm«, brachte Berger heraus und schaute betont auf den Tisch. »Zehn, oben rechts«, verkündete er dann und merkte plötzlich, daß er darum betete, daß ihm der Stoß gelang. Er wußte nicht, warum.

Die Zehn verschwand in der Tasche, und das Mädchen lachte begeistert.

Bei den folgenden beiden Stößen versuchte Berger, ganz ruhig und gelassen zu sein, und die Bälle versanken und kollerten durch den Holztunnel im Pool.

Die nächsten Bälle schaffte er ebenso souverän, und er genoß die Bewunderung des Mädchens. Dann blieb nur noch die Acht, mitten auf dem fadenscheinigen Tuch.

Berger merkte, daß das Mädchen ihn aufmerksam musterte und dachte, ›Alles oder nichts‹. Er dachte, ›Die Acht muß unten links rein.‹ Und er sagte an, obwohl es nicht gesagt zu werden brauchte. Und die Acht verschwand in der Tasche unten links.

Er klemmte sein Queue in das Rack, und das Mädchen klatschte tatsächlich Beifall und jubelte: »Ist ja irre.«

Berger steckte sich eine Zigarette an und fragte, »Sagen

Sie, wo kann man denn hier noch was trinken?« Er gab sich jetzt gelassen, wie einer dieser Aufreißertypen, die sich immer für unwiderstehlich halten und genau wissen, was laufen wird.

»In der Burgstube«, entgegnete das Mädchen. »Die haben bis eins auf.«

»Hätten Sie Lust...«, setzte Berger an, stockte und meinte dann, »Entschuldigung, wenn ich aufdringlich wirke.« Das war Masche, aber sie zog.

»Sie müssen sich doch nicht entschuldigen. Ist ja sowieso nichts los«, lachte das Mädchen. Sie streckte die Hand aus. »Ich heiße Petra.«

»Petra«, wiederholte Berger. Er schaute sie lange an. »Walter«, lächelte er schließlich. Der ›Märchenprinz‹ von der Ersten Allgemeinen Verunsicherung fiel ihm ein, nur daß er das sichere Gefühl hatte, daß es klappen würde.

Als er den weißen Ball zurückgab und seinen Zehnmark- schein bekam, zeigte die Wanduhr kurz nach zehn. Die dickliche Frau warf ihm einen vieldeutigen Blick zu. Der Mann vom Rotamint war weg. Es hatte aufgehört zu regnen. »Na, dann wollen wir mal«, sagte Berger. Die Frau schloß hinter ihnen ab, und die Leuchtreklame erlosch.

»Wißt ihr«, sagte Berger, als er die Geschichte erzählte, »und nach der Burgstube landeten wir in meiner Pension. Ich hab' gedacht, ich spinne. Ich mit meinen fünfundvierzig, und dann dieses Mädchen, und nur, weil's am Tisch lief. Ich kann euch sagen...«

»Und das waren nun Mann und Tochter, die von deiner Petra?« wollte einer von uns wissen.

»Natürlich nicht«, sagte Berger. »Am nächsten Morgen sah ich, daß die einzige wirkliche Ähnlichkeit in den blaugrauen Augen und dem brünetten Haar bestand. Wie ich hörte, hat besagte Petra ein Jahr nach meinem Wegzug geheiratet und ist nach Norddeutschland gezogen. Aber die Vorstellung allein, und es war ja alles wieder hochgekommen, und dieses Gefühl, die Möglichkeit, daß ... ich weiß auch nicht.«

Er nippte an seinem Wein. »Ach, Scheiße«, meinte er dann. »Aber ich glaube, dann hätte ich das nicht gekonnt.«

»Spielst du eigentlich noch Billard?« fragte jemand.

»Seitdem nicht mehr«, sagte Berger, wobei er offen ließ, was er mit seitdem meinte.

Am grünen Tisch

Das Schöne beim Billard ist, daß man im Prinzip nichts mitbringen muß, um spielen zu können. Die Tische stehen gegen Stundenmiete in Billardsalons, Spielhallen, Gaststätten und Vereinen zur Verfügung.

Um ihn dreht sich alles, auf ihm rollen die Bälle: der Tisch oder einfach das Billard. Wuchtig wirkt er und beeindruckend in seinen Ausmaßen, egal ob man die »kleine« Größe von 2,10 mal 1,05 Meter (Länge mal Breite) oder den stattlich dimensionierten Tourniertisch von 3,10 mal 1,55 Meter vor sich hat.

Die Spielfläche des 84 Zentimeter hohen Riesen ist immer doppelt so lang wie breit. Unter dem grünen Tuch befindet sich eine geschliffene, völlig plane, zudem spannungsfreie Marmor- oder Schieferplatte, die in besseren Salons, in Clubs ohnehin, durch Heizdrähte eine konstante Temperatur bekommt.

Das Tuch – früher aus feinstem, reinem Kammgarn – ist heute ein Mischgewebe. Unverändert gilt, daß es weder zu rauh noch zu fein sein darf, was sich auf die Ballbewegung auswirkt. Ein zu rauhes Tuch würde einen zu großen Reibungswiderstand verursachen, wodurch die Bälle nicht weit laufen könnten. Bei einem zu feinen Tuch wäre die

Bewegung zu »lebhaft«. Genauso wirkt es sich aus, wenn das Tuch zu lose oder zu straff gespannt ist. Bei häufig bespielten Tischen muß es nach gewisser Zeit ausgewechselt werden. Es wird zum einen durch die Bälle abgenutzt (»abgewetzt«), zum anderen setzt sich mit der Zeit Kreidestaub ab. Auch diese beiden Faktoren beeinflussen die Ballbewegung und damit den Spielverlauf.

Die Bande, der Wulst an den Innenkanten des Billard, besteht aus elastischem Hartgummi. Fast bis zur Mitte des 19. Jahrhunderts bildeten schlichte Holzleisten die Banden, überzogen mit zusammengerollten Wolltüchern. Die Elastizität verbesserte man dann durch Gummi, aber auch durch Sprungfedern.

Die Bande heute: Ihre obere Fläche ist ein wenig nach innen geschrägt, damit man auch bei »press« stehenden Bällen bequem stoßen kann. Ein Greuel sind die »toten« Banden, bei denen das Material seine Elastizität verloren hat. Diese für ein vernünftiges Spiel völlig unbrauchbaren Banden findet man leider häufig in »Auch-Billard-Salons«. Umgekehrt gibt es auch zu flexible Banden, welche die Bälle zu Dauerläufern machen.

Oben in die Umrahmung, die Holzbanden, sind die sogenannten »Diamanten« eingelassen, welche die langen Banden in acht, die kurzen Banden in vier gleiche Teile teilen und Zielhilfen geben – übrigens nicht nur bei Bandenstößen.

Das Aufstellen der Kolosse erfolgt mit Wasserwaagen, um eine exakte Nivellierung für gleichmäßigen Ballauf zu erreichen.

Queue, Kreide und Bälle

Die weiteren zum Spielen erforderlichen Utensilien sind im Tischmietpreis inbegriffen. Da ist einmal das sich konisch verjüngende Queue, der Stoßstock. Es liegt in der (Un)-Natur der Sache, daß diese Leih-Queues zuweilen wundersame Krümmungen angenommen haben.

Früher – das heißt bis fast zur Mitte des achtzehnten Jahrhunderts – waren die Queues tatsächlich gebogen. Erst 1735 wurde das Queue in der heutigen Form eingeführt. Interessant ist vielleicht noch, daß man anfangs mit dem »dicken Ende« stieß und sich erst später auf die Spitze besann.

Noch einmal zur Krümmung: Nur zu häufig kann man an Billardtischen beobachten, wie grob mit Queues umgegangen wird, was deren »Haltung« nicht gerade fördert. Eine beliebte Unsitte, seinen Ärger über einen verpatzten Stoß zum Ausdruck zu bringen, ist heftiges Aufstoßen des Queues auf den Boden. Eine andere, das Queue fast an der Spitze zu fassen und sich möglichst schwer darauf zu stützen. Ein exakter Stoß ist mit diesen Tannenholzknüppeln unmöglich und hat schon manchem Anfänger den Spaß am Spiel verleidet. Deshalb empfiehlt sich vorher ein Visieren über den ganzen Schaft, um zu sehen, ob das Queue völlig gerade ist.

Wie sollte ein Queue beschaffen sein? Im Idealfall liegt der Schwerpunkt etwa ein Drittel seiner Gesamtlänge vom »dicken Ende« entfernt. Wer sich später für die Anschaffung eines oder mehrerer eigener Queues entscheidet, hat die Qual der Wahl. Vereine bieten im allgemeinen ihren Mitgliedern die (in drei Teile zerlegbaren) Präzisionsgeräte in vielen Ausführungen an.

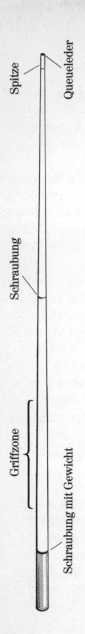

Spitze · Queueleder · Schraubung · Griffzone · Schraubung mit Gewicht

Queuestärke und Queuegewicht hängen vom Spieler ab, sind also individuell zu wählen. Starke Stöße sind mit einem schweren Queue besser auszuführen, leichtere Queues sind für schwächere Stöße geeigneter. Ebenfalls beim Kauf zu berücksichtigen ist der Durchmesser der Queuespitze. Eine dünne Spitze (zehn mm Durchmesser) erlaubt eine bequeme Führung, eine dickere (14 mm) überträgt die Kraft besser auf den Stoßball.

Die pflegebedürftigste und empfindlichste Stelle des Queues ist das Queueleder, das aus einem harten Unterleder und einem Oberleder besteht. Ist dieses zu hart, kann es leicht vom Ball abgleiten und zu einem Kicksen führen. Ein zu weiches Oberleder überträgt weniger Stoßkraft.

An Stelle des Elfenbeins unter dem Leder benutzt man heute Kunststoff. Das liegt zum einen am jüngsten Importverbot für Elfenbein, aber auch daran, daß dieses Material schwinden und bei häufigem, plötzlichem Temperaturwechsel rissig werden kann. Dadurch wird die Verbindung zum Queue leicht gelockert, was zu unpräzisen Stößen führt.

Gepflegt wird das Leder mit der blauen Kreide, die jedem Zuschauer durch das »Fetten« schon aufgefallen ist. Normalerweise kreidet man das Leder nach jedem dritten und vierten Stoß, wobei die

Kreide behutsam darüber geführt wird. Zu kräftiges Kreiden scheuert das Leder an der Kante ab. »Kopfstöße« ohne vorheriges Kreiden gibt es nicht!

Die drei Bälle beim Carambolagebillard bestanden früher aus Elfenbein, werden heute aber aus Phenolharz gefertigt. Die Gründe für diesen Materialwechsel sind die gleichen wie bei der Queuespitze.

Gespielt wird mit zwei weißen Bällen, den Spielbällen, von denen einer zur Unterscheidung mit einem schwarzen Punkt versehen ist, und einem roten Ball. Ihr Durchmesser beträgt 60 bis 62 mm. Die kleineren Poolbälle haben einen Durchmesser von 2¼ Zoll (57,15 mm).

Für sämtliche Abbildungen und Erläuterungen gilt:
Weißer Ball = Stoßball; Punktball = Spielball I; roter Ball = Spielball II

Haltung, bitte!
Körperhaltung, Bock und Schnabel

Wohl kein Sportler geht verkrampft an eine Disziplin heran, gleich ob es sich um einen Leichtathleten, einen Turner, Radfahrer oder sonstwen handelt. Die Grundregel beim Billard heißt folglich: Gesamte Köpermuskulatur entspannen.

»Richtige« Körperhaltung bedeutet, daß – bei einem Rechtshänder – die rechte Körperseite ungehinderten Aktionsraum hat. Schultergelenk, Ober- und Unterarm sowie Hand sollen sich frei bewegen können. Eine unbequeme Körperhaltung wirkt sich hemmend auf die Wirkung dieses natürlichen »Stoßapparates« aus.

Wie man an das Billard (womit der Tisch gemeint ist)

herantritt, welchen Platz man also einnimmt, hängt von der jeweiligen Ballfigur, der Stellung der Bälle, ab, von der Lage des Stoßballes und der Stoßrichtung, die erst einmal einzuschätzen ist.

Der DDR-Meister Leffringhausen empfiehlt, sich mit der Körperfront zunächst mit leicht geschlossenen Füßen im rechten Winkel zur Stoßrichtung aufzustellen, wobei der Abstand zwischen Körperfront und Stoßball zwischen 55 und 75 cm betragen sollte. Der rechte Fuß zeigt ungefähr auf den Stoßball. Nach einem Vorziehen des linken Fußes, dessen Spitze nach vorn zeigt, und leichtem Anheben des rechten Fußes, der dann schräg nach hinten niedergesetzt wird, ist die richtige Haltung erreicht. Die Fußspitzen müßten sich jetzt 50 bis 70 cm voneinander entfernt befinden, gleichzeitig hat sich die Körperfront um etwa 45 Grad nach rechts gedreht.

Billardmeister Wirtz hat gelehrt, sich mit einer leichten Rechtsdrehung des Körpers so hinzustellen, daß der Blick über den Spielball hinweg auf den Treffpunkt gerichtet ist, wobei die Fußspitzen nach außen zeigen. Das gleichzeitige leichte Durchdrücken der Knie bewirkt den erforderlichen festen Stand: als weiterer Stabilisierungspunkt dient die linke, bockbildende Hand, die auf dem Billard aufliegt.

Durch leichtes Biegen des linken Knies begibt man sich in eine Ausfallstellung mit guter Gewichtsverteilung, die der rechten Körperhälfte den erforderlichen Aktionsfreiraum gibt.

Der »Bock« wird mit der linken Hand gebildet – widerum beim Rechtshänder. Wenn er richtig gestellt ist, gibt er dem Queue die sichere, vordere Führung. Zugleich ermöglicht er einen hohen oder tiefen Stoßpunkt.

Die Bockhand muß fest auf das Tuch gedrückt sein, da sie ja einen Teil des Körpergewichts zu tragen hat. Im Idealfall ist

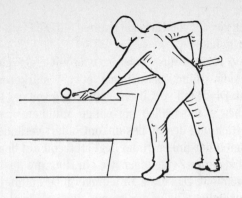

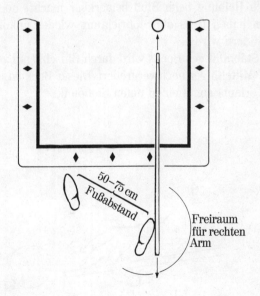

50–75 cm
Fußabstand

Freiraum
für rechten
Arm

Körperhaltung seitlich und von oben

der Druck schräg vorwärts nach unten auf die Platte gerichtet (Leffringhausen).

Man sollte einfach ausprobieren, was mit einer nicht fest aufsitzenden Hand bei einem etwas stärkeren Stoß geschieht: Die Hand verrutscht – abhängig von der Qualität des Tuches – tatsächlich um einige Millimeter, wodurch sich die Richtung des Stoßes unkontrolliert verändert.

Der Daumen der linken Hand liegt stützend auf dem Tuch, während sich der Zeigefinger wie ein Ring um das Queue-oberteil schließt. Das erste Mittelfingerglied unterstützt das Queue zusätzlich. Die gespreizten restlichen Finger vergrößern die Auflagefläche der Hand. Das Queue muß glatt durch die einschließenden Flächen laufen, das heißt, es darf weder geklemmt werden (was sich am Brennen der Haut durch Reibung beim Stoß bemerkbar macht) noch Spielraum haben (was die Stoßrichtung wieder unkontrolliert verändern wird).

Die Stabilität des Bocks wird durch Einschlagen von Ring- oder Mittelfinger noch vergrößert. Dieser Bock ist niedriger und erlaubt somit einen tiefen Stoßpunkt.

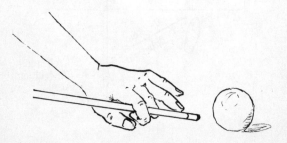

»Bock«

Eine Bockvariante ist die »Kralle«. Hierbei werden Daumen, Ring- und kleiner Finger auf die Platte aufgestützt. Zeige- und Mittelfinger sind krallenförmig gespreizt, ihre Haltung ähnelt einem umgedrehten »V« – (Victory) Zeichen. Mit der Kralle sind in ungünstigen Positionen gute Rückläufer zu erzielen.

»Kralle«

Die rechte, das Queue führende Hand umschließt dieses mit Daumen und Zeigefinger und legt die übrigen Finger leicht an, ohne eine feste Faust zu bilden, da dadurch eine Verkrampfung verursacht wird – mit den zuvor dargelegten Folgen. Die Griffhand liegt am Schwerpunkt des Queues, der üblicherweise etwa 40 cm vom unteren Ende entfernt ist (das entspricht etwa einem Drittel der Gesamtlänge des Queues).

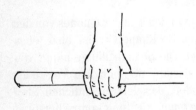

seitlich gesehen   von hinten gesehen

Queuehaltung

Der eigentliche Stoß kommt nicht aus der Schulter, wie es häufig bei Anfängern zu sehen (und sogar in einem Lehrbuch zu lesen) ist, sondern – bei schwachen und mittelstarken Stößen – aus Handgelenk und Unterarm. Bei kräftigeren Stößen wirkt auch der Oberarm mit. Ausführlich wird auf die Stoßtechnik nachstehend eingegangen.

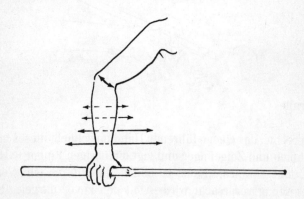

Das Vorschwingen

Als »Schnabel« bezeichnet man den Teil des Queues von der Spitze bis zum Anfang der Bockhand. Es ist also jenes Queuestück, das hervorragt. Die Schnabellänge hängt von den Stoßbedingungen ab; sie läßt sich mit dem Vor- oder Probeschwingen herausfinden, das dem eigentlichen Stoß vorausgeht. Damit wird die Queuerichtung kontrolliert und die Stoßkraft gemessen. Aus dem Schwingen der Queuespitze ist ersichtlich, ob das Queue sich tatsächlich in Richtung der Längsachse bewegt.

Liegen die Bälle dicht beieinander (kleines Spiel), beträgt die Schnabellänge zwischen drei und acht Zentimetern. Sogenannte mittlere Figuren verlangen zwischen acht und zwölf Zentimetern Schnabellänge, weite Bälle bis ungefähr 25 Zentimeter.

Schnabel

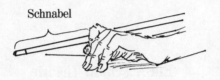

Die Entfernung der Queuespitze vom Stoßball hängt ebenfalls von der Art des Stoßes ab. Sie beträgt zwischen anderthalb und sechs Zentimetern.

1,5 cm (schwacher Stoß)

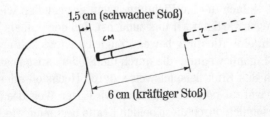

6 cm (kräftiger Stoß)

Entfernung Queuespitze – Stoßball

Karambolage –
die Technik

Ein Abschnitt Theorie

Für den Zuschauer beim Billard ist es immer wieder faszinierend, wie der Ball nach dem Stoß – scheinbar von unsichtbaren Fäden gezogen – sich geradlinig über das Tuch bewegt, dann an der Bande oder nach einer Karambolage unvermittelt seine Richtung ändert und in einem Lauf, den man für »unmöglich« bezeichnet, den dritten Ball am entgegengesetzten Teil des Tisches berührt. Und es mutet wie Hexerei an, wenn der zuerst angespielte Ball in der Zwischenzeit auf ganz anderem Wege zu den beiden »rollt«. Aber: Der Billardball – er heißt nun einmal »Ball«, obwohl es sich um eine Kugel handelt – rollt im eigentlichen Sinne nicht einfach in eine Richtung, wenn er gestoßen wurde. Vergegenwärtigen wir uns zunächst, daß der Ball als Masse sich in eine Richtung bewegt. Zugleich entwickelt er dabei eine Eigenbewegung, die durch die Stoßart ausgelöst wird, durch das Effet beispielsweise, durch Hochstoß oder Tiefstoß, worauf noch eingegangen wird. Der Weg des Balles wird folglich durch diese beiden Kräfte bestimmt, die – wiederum nach Stoßart bedingt – miteinander oder gegeneinander wirken können.

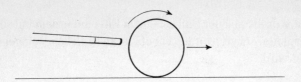

Bei einem mittel oder stark ausgeführten Mittelstoß oder Zentralstoß entwickelt der Ball keine Eigenbewegung, das heißt er rotiert nicht um seine Achse. Die runde Ballmasse rutscht vielmehr wie ein Puck beim Eishockey, also wie eine Scheibe, über das Tuch. Dieses Rutschen ohne Eigenbewegung wird als gleitender Ball bezeichnet.

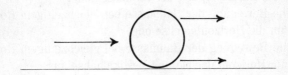

Bei voller Karambolage des Stoßballs mit Spielball I bleibt ersterer liegen, weil er seine Kraft an letzteren abgegeben hat.

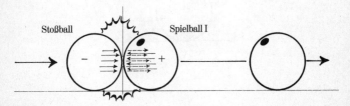

Stoßball   Spielball I

Indes dreht sich der Ball bei einem Effet außerdem um seine vertikale Achse, worauf ebenfalls anschließend eingegangen wird.

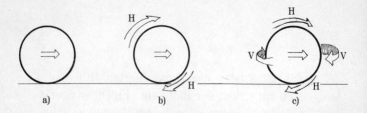

Durch einen Stoß lösen wir also entweder
– eine reine Bewegung der Ballmasse oder
– eine Bewegung der Ballmasse bei gleichzeitigem Rotieren um die Horizontalachse oder
– eine Bewegung der Ballmasse bei gleichzeitigem Rotieren um Horizontalachse und Vertikalachse aus.

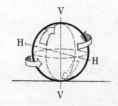

Ein als Rückläufer mit Tiefstoß gespielter Stoßball gleitet zunächst ebenfalls, rotiert aber zugleich um seine horizontale Achse, und zwar entgegen der Stoßrichtung, also rückwärts.

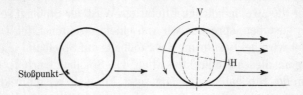

Trägheitsmoment und Tuchreibung sind die Ursachen dafür, daß aus der anfangs gleitenden Bewegung des Stoßballs eine rollende wird. Sichtbar wird dieses Rollen, wenn man einmal den genau gestoßenen weißen Ball mit schwarzem Punkt betrachtet: Nach abgeschlossener »Umkreisung« des schwarzen Punktes hat der Ball sich einmal ganz entsprechend seinem Umfang horizontal um sich selbst gedreht.

Das Effet

Was aber bedeutet nun eigentlich Effet? Einfach gesagt ist das der Drall, den ein Ball direkt oder indirekt durch einen Stoß außerhalb seines »Zentrums«, der Ballmitte, erhält.

Hier die zwei möglichen Effetarten: Wird der Stoßball seitlich gestoßen, sprechen wir von einem direkten Effet. Das Effet wird bei Berührung des Stoßballs auf Spielball I übertragen; dieses »indirekte« Effet, das Spielball I erhält, ist dem des Stoßballs entgegengesetzt. Ein weiterer indirekter Effet entsteht durch Berührung der Bande. Hier spricht man von einem Bandeneffet, dessen Bedeutung beim Spiel allerdings geringer ist.

Die folgende Abbildung veranschaulicht, welches Effet bei

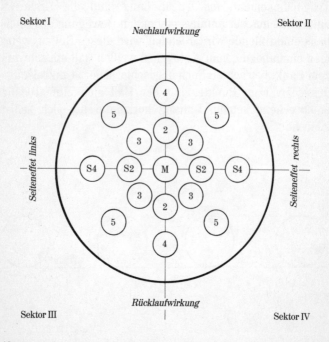

Sektor I

Nachlaufwirkung

Sektor II

Seiteneffet links

Seiteneffet rechts

Rücklaufwirkung

Sektor III

Sektor IV

welchem Stoßpunkt bewirkt wird. Dazu ist der Ball in »Rückenansicht« dargestellt und durch Horizontalachse sowie Vertikalachse in vier Sektoren unterteilt.

Im Schnittpunkt von Horizontal- und Vertikalachse liegt »M«, der Stoßpunkt für den Mittelstoß, der, wie gesagt, ein Gleiten und Rollen bewirkt.

Alle Stöße auf der Vertikalachse oberhalb von »M« verursachen ein Hocheffet, alle auf der Vertikalachse unterhalb von »M« ein Tiefeffet. Wird der Ball auf der Horizontalachse links von »M« getroffen, erhält er ein linkes Effet (oder: Seiteneffet links). Bei einem Stoß auf die Horizontalachse rechts von »M« wird folglich ein rechtes Effet (oder Seiteneffet rechts) erzielt.

Hoch- oder Tiefeffets, verbunden mit seitlichem Effet, erlauben unendlich viele Kombinationen, wie beispielsweise ein Tiefrechtseffet durch Stoß auf »5« in Sektor IV oder ein Hochlinkseffet durch Stoß auf »5« in Sektor I.

Als Faustregel sollte man sich merken:« Mit Stößen über der Horizontalachse auf der Vertikalachse werden Nachlaufwirkungen, mit Stößen unter der Horizontalachse auf der Vertikalachse Rücklaufwirkungen erzielt.

Die Effetstärke vergrößert sich, je weiter außen der Stoßpunkt gewählt wird. Aber: Die Außenzone, die sogenannte »Kickszone«, die eine Breite von etwa 12 mm hat, wird nicht gespielt, weil das Queue abgleiten kann.

In nachstehender Tabelle sind die Stoßpunkte mit ihren Wirkungen noch einmal zusammengefaßt.

Wie bereits erwähnt, erhält der angespielte Spielball I ein Effet durch den mit Effet gespielten Stoßball. Faustregel: Die Effetrichtung wird dabei umgekehrt, und das Effet des Spielballs ist schwächer als das des Stoßballs. Wurde beispielsweise der Stoßball mit Rechtseffet gespielt, erhält Spielball I ein Linkseffet.

Stoßpunkt	in Sektor	auf Achse	Wirkung
Grundsätzlich über Mitte	I & II		Nachläufer
2 und 4 über Mitte		Vertikal	Nachläufer ohne Seiteneffet
3 3	I II		Nachläufer mit mäßigem Seiteneffet
5 5	I II		Nachläufer mit starkem Seiteneffet
Grundsätzlich unter Mitte	III & IV		Rückläufer
2 und 4 unter Mitte		Vertikal	Rückläufer ohne Seiteneffet
3 3	III IV		Rückläufer mit mäßigem Seiteneffet
5 5	III IV		Rückläufer mit starkem Seiteneffet
Grundsätzlich in Mittelhöhe		Horizontal	Seiteneffet
S 2 links S 2 rechts		Horizontal Horizontal	Seiteneffet mäßig
S 4 links S 4 rechts		Horizontal Horizontal	Seiteneffet stark

Stoßpunkte und ihre Wirkungen

Beschäftigen wir uns in diesem Zusammenhang ganz kurz mit der Tuchreibung. Sie verursacht den Übergang vom Gleiten des Balles zu einem Rollen. Die Tuchreibung hemmt aber auch das Effet und darüber hinaus die Rotation bei Nachläufen und Rückläufen, sofern diese ohne Seiteneffet gestoßen wurden.

Welche Folgen die Tuchreibung bei den jeweiligen Stoßarten hat, zeigt folgende Tabelle.

Stoßart	Stoßpunkt	Wirkung
Nachläufer	hoch	rascher Rotationsverlust, Über-gang ins Rollen, Bremswirkung
Rückläufer	tief	starke Bremswirkung, Geschwin-digkeitsverlust, Rücklaufwirkung wird auf freiem Tuch aufgehoben
Seiteneffet	Mittelhöhe	wenig, normale Ballverlangsa-mung

Wirkungen der Tuchreibung

Nach soviel Theorie noch etwas Entspannung, bevor's in die Praxis geht. Mit...

OPA

Wenn sie in den Billardsalon kommen, treten sie stets mit der lauten Unbekümmertheit auf, die ein Vorrecht des Alters um die achtzehn, neunzehn Jahre ist.

Da reihen sich die von tiefhängenden Lampen beleuchteten Tische mit dem grünen Tuch scheinbar endlos hintereinander, und neben leisen Stimmen und einem Kickser dann und wann ist das Klacken der Bälle das einzige Geräusch in dem weitläufigen Saal, bis sie hereinstürmen. Jeden Donnerstag am späten Nachmittag.

Die vier jungen Männer spielen recht oft, und es ist offensichtlich, daß sie ihr Können genießen. Sie spielen sonst vielleicht in einem der Clubs in den Vororten, aber donnerstags findet hier ihre Show vor Publikum statt.

Publikum hat es in diesem Salon schon immer reichlich gegeben. Das sind neben den Spielern, die ihre Partien beendet haben und noch nicht nach Hause gehen wollen oder die sich hier einfach wohler fühlen – vielleicht, weil dieser Salon ihr Zuhause ist –, die Kiebitze, Anfänger, die durch Zuschauen lernen wollen, machmal auch Leute von der Straße, die es an Regentagen rein zufällig hierher verschlagen hat und die, fasziniert vom Lauf des Spiels, wiederkommen, ohne selbst aktiv zu werden.

Die Konzentration und Ruhe, die der Raum ausstrahlt, die Beherrschtheit der Spieler, der meisten jedenfalls, das vergleichsweise düstere Licht, all dies wirkt zusammen wie eine Andachtsstätte, wie ein Tempel vielleicht.

Donnerstags aber weicht die Ruhe diesem Lärm. Die

anderen Stammspieler haben sich nach anfänglichen Protesten über die vermeintliche oder auch wirkliche Störung damit abgefunden und lassen die Vier gewähren.

Jens ist der Längste und Ruhigste des Quartetts. Michael wirkt stets hektisch, wenn er ans Billard tritt, Klaus-Dieter fast nervös. Rudi, ein sommersprossiger, untersetzter Junge, kommentiert jeden Stoß und gibt eine Lache von sich, die einen zusammenzucken läßt. Sie ist einem mekkernden Lachsack nicht unähnlich.

Die Vier spielen zwei Stunden und verbringen mindestens zwei weitere damit, sich an andere Tische zu stellen und durch Mimik und Gestik zu verstehen zu geben, wie miserabel der Rest der Welt doch eigentlich spielt – im Vergleich zu ihnen, versteht sich. Sie sind halt die Größten.

Im Anschluß lamentiert das Quartett dann vernehmlich in dem angrenzenden Gastraum – als Gaststätte kann man ihn nicht bezeichnen – über den Mist, den man gesehen hat, und wie dumm sich doch alle anderen Leute anstellen. Und diese alten Zausel, na, die sollten doch besser im Bett bleiben, anstatt sich an Carambolagen zu versuchen.

Peter, der in diesem Billardtempel die Aufsicht führt, die Tischkartei verwaltet, Bälle und Kreide ausgibt, kassiert und nebenher noch Getränke serviert – Kaffee und Mineralwasser vorwiegend – ist knapp über sechzig. Er bekommt die Sprüche mit, hört aber nicht hin. »Laß der Jugend ihren Lauf«, ist seine Devise, und die, die so bespöttelt werden, hören's ja nicht. Meistens jedenfalls.

Peter spielt selbst Billard, aber am Tisch haben ihn allenfalls die Spieler gesehen, die morgens um elf vor der Tür stehen, die »Rentner«, die seine ersten Gäste sind.

Die Rentner spielen ein besonders ruhiges Billard mit

sichtlicher Freude und Gelassenheit. Der eine oder andere Könner ist darunter, ohne daß man sein Spiel unbedingt als meisterlich bezeichnen würde.

Einige dieser Rentner finden sich auch nachmittags wieder ein, weniger um zu spielen als vielmehr um zu schauen, was »die jungen Leute« am Tisch so machen. Dann und wann gibt einer wohlwollend einen Tip, wie ein scheinbar »unmöglicher« Stoß auszuführen ist oder zeigt sogar, wie's gemacht wird. Das akzeptieren die »jungen Leute« fast ausnahmslos und freuen sich, daß sie etwas dazulernen. Unterm Strich findet sich in diesem Billardsalon eine Gemeinde, die keine Altersgrenzen kennt.

Bliebe zu erwähnen, daß es auch Stammpublikum gibt, und darunter fällt ein Mann ganz besonders auf, den man als »Herrn« im Wortsinne bezeichnen würde, aufgrund seiner Erscheinung, seines fast vornehm geschnittenen Gesichts und seines trotz des Alters – er muß Mitte siebzig sein – würdigen und stattlichen Auftretens. Das weiße, sorgfältig gescheitelte Haar unterstreicht diesen Eindruck ebenso wie die blaßblauen, immer noch sehr lebhaften und scharfen Augen – er trägt keine Brille – und die frische, rosa Gesichtsfarbe. Nur bei aufmerksamer Betrachtung sieht man, daß die Ärmelränder seines schwarzen Anzugs abgestoßen sind und daß der Stoff insgesamt im Laufe der Jahre dünn geworden ist.

Der Name dieses Herrn, dem vor allem die »Rentner« gewissermaßen ehrerbietig begegnen, tut nichts zur Sache, wohl aber der Umstand, daß das Quartett ihn von Anfang an jugendlich herablassend als »Opa« anredet und meint, mit ihm seine Späße treiben zu können.

Peter wollte in einigen Fällen sogar eingreifen, weil die

Vier, allen voran Rudi, es ein bißchen zu bunt trieben. Aber »Opa« wehrte nur lächelnd ab und sagte: »Laß nur, macht ja nichts. Wenn's den jungen Herren Spaß macht.« Er hat wirklich »junge Herren« gesagt, obwohl das wohl überhaupt nicht zutrifft.

»Opa« ist ein besonders kritischer Zuschauer, was man aber nur feststellen kann, wenn man den Blick vom Spiel nimmt und sich auf den Herrn konzentriert. In gebührendem Abstand geht er um den Tisch herum – je nachdem, wie die Bälle liegen –, scheint anzuvisieren, zu zielen und zu berechnen, wechselt den Standort und geht zuweilen sogar in die Knie, um bessere Übersicht zu gewinnen.

Er konzentriert sich in geradezu erstaunlichem Maße auf das Spiel, mehr vielleicht als die Akteure am Tisch. Er nickt bestätigend, wenn eine Ballfigur und ihre Lösung erkannt ist, freut sich, wenn nach dem Stoß ein serienreifes Dessin daliegt, schüttelt aber auch sehr häufig mißbilligend den Kopf. Nach diesem Kopfschütteln zeichnet sich ausnahmslos Enttäuschung auf den Gesichtern der Spieler ab, deren Ball nicht karamboliert hat.

»Opa« scheint einen siebten Sinn für's Billard zu besitzen, der sich über die Jahre beim Zuschauen entwickelt haben mag. Am Tisch der Vier stand »Opa« indes nie, was vielleicht auf ihr Können zurückzuführen ist oder auf das besondere Verhältnis zwischen den Jungen und dem alten Mann.

Überraschend tauchten die Vier irgendwann an einem Mittwochnachmittag auf, und das Bild, das sich ihnen bot, war ungewöhnlich. Da stand eine Gruppe von jungen Männern um einen Tisch. Die übten Böcke und Stöße, angefangen vom Zentralstoß gegen die Bande über Nachläufer und

Rückläufer bis hin zu Vorbändern und Ziehern. Kurzum, das ganze kleine und große Einmaleins des Karambolage-Billardspiels. Ungewöhnlich dabei war, daß »Opa« wie selbstverständlich kommentierte und verbesserte, den Bock korrigierte und die Queueführung, einfach alles.

Die Vier schauten sich an und grinsten vielsagend.

»Opa«, meinte Rudi schließlich, nachdem sich das Quartett am Nachbartisch aufgebaut hatte, und heuchelte dabei Verzweiflung, »sag uns doch mal, wie man's richtig macht.«

Dabei ließ er seine Schepperlache los, und die Bälle liefen beim Eröffnungsstoß wie am Schnürchen. »Klack« machte es, und noch einmal »Klack«. Der alte Mann lächelte nur und sagte nichts weiter.

Das Quartett einigte sich auf freie Partie und spielte im Wechsel auf Stoßball und Punktball. Mannschaftsgeist. Und das Publikum rückte näher, von wegen der Show.

Aber irgendetwas war heute anders. Die Zuschauer beachteten das Quartett kaum oder gar nicht. Die Aufmerksamkeit richtete sich vielmehr auf nebenan. Es mußte an »Opa« liegen, der – für die jungen Männer am Nachbartisch und irgendwie auch fürs Publikum – eine ungeheure Kompetenz ausstrahlte. »Opa« und diese jungen Leute standen im Mittelpunkt.

Das ärgerte Rudi und Jens und Michael und Klaus-Dieter und führte schließlich dazu, daß zunächst Michael lamentierte, was der »alte Knochen« denn überhaupt drauf hätte, der mit dem Mundwerk so großartig sei, aber doch gar nichts brächte.

Klaus-Dieter schlug wenig später in dieselbe Kerbe und ließ seine Sprüche ab, als Krönung: »Großes Maul und nichts dahinter.«

Jens gab sich zurückhaltend, wogegen Rudi einen draufsetzte, indem er sagte: »Opa hat bei uns ja toll gelernt.«

Die jungen Leute am Nachbartisch sagten nichts, aber ihre zornigen Gesichter sprachen Bände. Peter schaute fragend zu »Opa« hinüber, aber der schüttelte nur lächelnd den Kopf.

Dann war die Trainingsstunde vorbei. Am Tisch wurden die Queues auseinandergeschraubt und eingepackt. Rudi spöttelte: »War ja auch höchste Zeit«, und grinste die anderen drei an, während er seinen Stoßball über vier Banden zur Karambolage schickte.

Seltsamerweise fand dieser Stoß beim Publikum keine Beachtung. Vielmehr versammelten sich die Zuschauer um den Tisch, an dem gerade noch geübt worden war.

»Opa« zog seine Anzugjacke aus und hängte sie über einen der Zuschauerstühle. Er wirkte plötzlich bemitleidenswert hilflos mit den schmalen Gummiträgern, die die zu weite Hose hielten. Während am Tisch der Vier die Bälle im Wechsel klackten, öffnete der alte Herr ein mit Intarsienarbeit verziertes Queue-Köfferchen, nahm wie bei einem Zeremoniell die Teile des Queues heraus und schraubte sie bedächtig zusammen. Einem länglichen, ebenso kostbar eingelegten Kästchen entnahm er drei Bälle, die er behutsam in Ausgangsstellung auf dem Tuch plazierte. Der Zuschauerkreis um den Tisch war dichter geworden.

Der alte Mann bezog Position und spielte Rot nach dem Punktball über vier Banden an. Punktball und Rot fanden sich im Sammelkreis. Und dann trieb »Opa« die Bälle längs der Banden, und alles schaute und hielt den Atem an und klatschte, Stoß um Stoß.

Die Vier hatten ihr Spiel liegengelassen und sich zwischen die Zuschauer gemengt und starrten entgeistert auf das Bild, das sich ihnen bot.

Schließlich forderte »Opa«, dem die fortlaufende Bandenserie langweilig zu werden schien, die Zuschauer auf, Ballfiguren zu legen. Dem Quartett verschlug es die Sprache.

Jens war es schließlich, der sich an Peter wandte, der vor ihm stand. »Sagen Sie mal«, meinte er, »woher kann der das?«

Peter drehte sich zu ihm um und grinste. »Der?« fragte er, den Daumen auf ›Opa‹ gerichtet. »Der mit der großen Klappe? Hat er alles bei euch gelernt.«

Er musterte die Vier.

»Nee, mal ehrlich«, meinte Rudi, ziemlich kleinlaut. Und dann bewundernd: »Opa ist ja großartig.«

»So großartig auch wieder nicht«, entgegnete Peter bedächtig. »Opa war nur einmal deutscher Meister.«

Wäre nachzutragen, daß das Quartett seitdem stets mittwochs spielt. Nachmittags. Um zu lernen. Bei »Opa«.

Billard-Gedanken

Nur der richtige Stoß führt zur Karambolage. Das klingt simpel. Doch welcher Stoß der richtige ist, hängt von mehreren Faktoren ab, und die machen die Sache kompliziert und das Billardspiel so interessant.

Vor dem Stoß ist also etwas Hirnarbeit gefragt, die folgende Überlegungen beinhaltet: die Betrachtung der Ausgangslage, angestrebtes Stoßziel (Dessin), das Erkennen von Stoßrichtung und Stoßwinkel sowie die Bestimmung des Stoßpunktes und der Stoßart, um den Stoßball auf den richtigen Weg und zum gewünschten Treffpunkt zu bringen. Dies alles unter Berücksichtigung der gewählten Spielart bei gleichzeitiger Einschätzung der erforderlichen Stoßkraft.

Kompliziert? Keine Sorge, das Begriffsknäuel ist rasch entwirrt, zumal wir ja schon einige Bekannte darunter haben. Was eine Ausgangslage ist, dürfte wohl klar sein, das Dessin wurde erläutert, und was der Stoßpunkt ist, wissen wir ja noch, oder? Zur Erinnerung: der Stoßpunkt ist die kleine Kreisfläche am Stoßball, die vom Queueleder getroffen wird.

Als Treffpunkt bezeichnen wir jene kleine Kreisfläche auf Spielball I, die unser Stoßball berührt, auf die er »trifft«.

Bei den Stoßarten unterscheidet man zwischen Zentralstoß oder Mittelstoß und den »exzentrischen« Stößen, deren unendlich viele Stoßpunkte im vorigen Kapitel behandelt wurden. Dabei spielt noch die Haltung des Queues – gerade oder geneigt – eine Rolle.

Was ist nun der »Weg des Stoßballs«? Ganz einfach die Linie, auf der sich der Stoßball in Richtung auf Spielball I zubewegt. Mit Stoßrichtung wird die Bewegungsrichtung des Queues bezeichnet, die man sich am besten als Verlängerung der Queueachse vorstellt. Sie ist entweder eine Parallele zum Weg des Stoßballs oder mit ihm identisch.

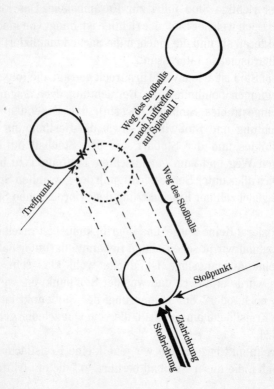

In kompakter Schrittfolge sieht die Vorbereitung für den Stoß folgendermaßen aus:
- Einschätzen der Stoßrichtung
- Zielen
- Festlegen der Stoßrichtung

Zum Vergleich das Bild eines Schützen. Bevor er sein Gewehr hebt, schätzt er die Zielrichtung ein. Erst dann zielt er tatsächlich mit dem Gewehr, um schließlich zu schießen. Auch beim Billard wird mit dem Queue auf den Stoßball »gezielt«. Und bevor unser Queue auf den Stoßpunkt des Stoßballs trifft, ist er eben unser »Zielpunkt«. Der vorgenannte Treffpunkt auf dem Spielball ist in dieser Phase ebenfalls ein »Zielpunkt«.

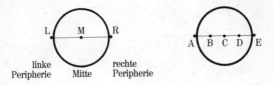

Zielpunkte

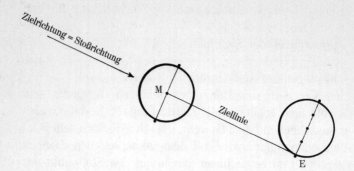

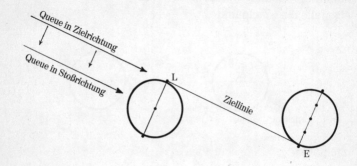

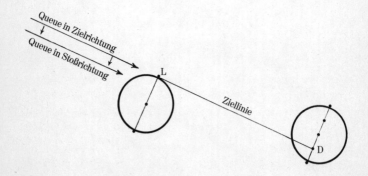

Stoßkraft und Vorschwingen

Die Stoßkraft muß die Kraft sein, mit der der Stoß ausgeführt wird. Klar, aber beim Stoß werden mehrere Faktoren wirksam, die zusammen erst die Stoßkraft ausmachen. Das sind die Stoßgeschwindigkeit, das Gewicht des Queues und zuweilen auch die Arme, die einen Druck ausüben.

Vorbedingung für einen exakten Stoß ist somit auch die richtige Übertragung unserer Kraft auf den Stoßball. Sie erfolgt in dem Augenblick, wo das Queueleder Kontakt mit dem Stoßball hat, in »Ballkontakt« steht.

Natürlich gibt es einen Zusammenhang zwischen Stoßart und Dauer des Ballkontaktes. Uns interessiert indes, wie wir grundsätzlich unsere Kraft richtig übertragen. Dazu dient das sogenannte Vorschwingen, bei dem Unterarm und Hand wie ein Pendel zwei- bis dreimal schwingen, um dann den Abstoß auszuführen. Beim Vorschwingen wird das Queue dicht an den Stoßball herangeführt – ohne ihn zu berühren –, um ruhig und sicher auf den richtigen Stoßpunkt geführt werden zu können. Und noch einmal zur Erinnerung: Außer bei sehr kräftigen Stößen bleiben Oberarm und Schultern unbewegt, ohne allerdings starr zu sein.

Winkelzüge

Rollen oder stoßen wir einen Ball schnurgerade gegen eine Bande, so wird er von ihr ebenso gerade zurückgeworfen. Er trifft rechtwinklig auf und prallt rechtwinklig ab. Anders gesagt: Anschlagwinkel ist gleich Abschlagwinkel, oder Einfallwinkel ist gleich Ausfallwinkel. Das gilt jedoch nur hier – beim rechten Winkel – und sonst nirgends beim Billard!

Der Ball erhält beim Anbanden ein je nach Stoßkraft größeres oder kleineres Effet, bedingt durch die Wulstbildung an der Anschlagstelle. Der Ball wird dadurch gewissermaßen »verfälscht«. Das können wir gleich einmal ausprobieren und uns als weitere Regel merken: Wenn der Anschlagwinkel spitz ist, ist der Abschlagwinkel nicht mehr gleich! Oder einfach: Anschlagwinkel und Abschlagwinkel sind verschieden groß.

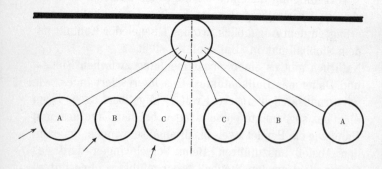

Noch deutlicher wird das bei Spiel mit Lauf- oder Gegeneffet.

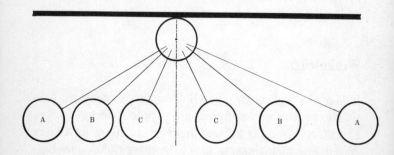

Für ein exaktes Spiel sollte man wissen, wie sich die Winkel beim Anbanden verändern. Als Faustregel gilt: Bei mäßigem Stoß wird der Abschlagwinkel gegenüber dem Anschlagwinkel vergrößert, bei stärkerem Stoß verkleinert. Wenngleich es sich dabei auch nur um wenige Grade handelt – sie sind entscheidend für das Gelingen eines Stoßes.

Jetzt wird's ernst:
Die Stöße

Schon beim flüchtigen Betrachten der Stoßfiguren dieses Buches fallen gewisse Unterschiede auf. Da sind einmal Figuren, bei denen der Stoßball die beiden Spielbälle berührt, ohne vorher überhaupt Bandenkontakt gehabt zu haben. Der Stoßball hat auf direktem Wege karamboliert. Das gilt auch für Contre- und Begegnungsstöße, bei denen der Stoßball die Bande ebensowenig berührt. Obwohl erst der Bandenabschlag die Carambolage bewirkt, spricht man auch hier von direkten Stößen.

Aus den anderen Figuren wird auf Anhieb ersichtlich, daß der Stoßball zunächst ein- oder mehrere Male an die Bande geht, dabei noch seine Laufrichtung ändert und somit auf indirektem Wege karamboliert. Diese indirekten Stöße werden nach der Häufigkeit der Bandenberührung unterschieden. Ändert der Stoßball auf dem Weg zum zweiten Spielball zweimal seine Richtung, bezeichnet man das als Doublé. Tut er das dreimal, sprechen wir von einem Triplé. Weiter geht das in der Folge mit Quarten, Quinten und Sexten, wenn wir's ganz stilecht halten wollen.

Bei einem Vorbänder geht der Stoßball erst ein- oder mehrmals an die Bande, bevor er Spielball I trifft.

In die Vollen?

Schauen wir uns zunächst einmal an, wie der Stoßball durch einen Mittelstoß auf »M« auf Spielball I treffen kann.

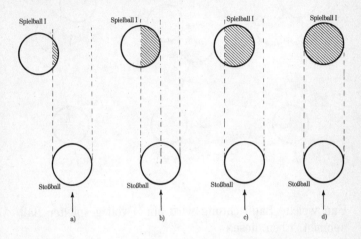

In a) wird der Spielball voll getroffen, in b) zu drei Vierteln, in c) ½ voll rechts und in d) ¼ voll rechts.

Schön und gut, aber welche Laufrichtung nimmt der Spielball bzw. wie muß man ihn treffen, um ihn in die gewünschte Richtung zu treiben?

Bleiben wir bei dem halbvoll gespielten Ball und wenden uns der nächsten Abbildung zu. Sie zeigt den Stoßball gestrichelt bei der Berührung mit dem Spielball. Stellen wir uns nun vor, daß die Mittelpunkte beider Bälle in diesem Augenblick durch eine Linie miteinander verbunden sind, so ergibt die Verlängerung der Linie die Laufrichtung des Spielballs. Woraus sich grundsätzlich die Stoßrichtung ableiten läßt: Weist diese Verbindungslinie in die gewünschte Richtung, muß der Spielball getroffen werden.

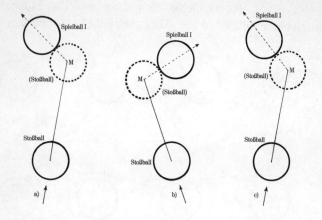

Und welche Laufrichtung wird ein ¼ voll gespielter Ball nehmen? Eben diese.

Nun ist es natürlich wichtig zu wissen, was nach einem Treffen mit unserem Stoßball geschieht, der Spielball I in Bewegung gesetzt hat. Es leuchtet ein, daß der Stoßball an Kraft verliert, da er ja einen Teil davon an Spielball I abgegeben hat. Aus der Art des Treffens, also voll oder halb- oder viertelvoll, ergibt sich der Winkel, in dem der Stoßball abprallt und seinen weiteren Weg nimmt, indem er also von seiner bisherigen Richtung abgelenkt wird.

Dabei wird offensichtlich, daß der Abschlagswinkel bei halbvollem Treffen größer ist als bei haarfeinem Treffen (dem sogenannten »Schnitt« oder »Schneiden«) und bei dreiviertelvollem Treffen. Bei vollem Treffen erfolgt über- haupt keine Abweichung.

Merken wir uns also: Wird Spielball I ½ voll getroffen, nimmt der Stoßball die größte Richtungsabweichung ein.

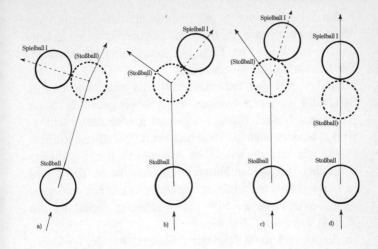

Merken wir uns ferner: Die Wege der Bälle bei haarfeinem bis ½ vollem Treffen laufen fast rechtwinklig.

Dann: Bei mehr als ½ vollem bis fast vollem Treffen werden die Winkel spitzer und die Wege damit enger.

Und schließlich: Bei vollem Treffen laufen beide Bälle auf gleichem Weg.

Treffen – ½ bis ¼ voll

Ein Bild sagt mehr als tausend Worte. Das gilt auch und insbesondere für die folgenden Figuren, mit denen die verschiedenen Stöße deutlich gemacht werden. Deshalb jeweils nur wenige Anmerkungen zu den Tafeln. Den nachstehenden Figuren liegen zum Teil die des Standardwerks »Woerz' Billardbuch« zugrunde. Sie wurden – wo nötig – grafisch ergänzt, um zum Beispiel die Wirkung von Effet und Gegeneffet zu verdeutlichen.

Rufen wir uns hierzu in Erinnerung, was zuvor zum Abschlagwinkel der Bälle beim Zusammentreffen gesagt wurde: Die Wege der Bälle bei haarfeinem bis ½ vollem Treffen laufen fast rechtwinklig.

Ein Blick auf das Schema straft uns scheinbar Lügen. Spielball I wird vom Stoßball zwar ¼ voll getroffen, wenn dieser in »M« ohne Effet gestoßen wird, aber der Abschlagwinkel ist doch niemals »fast rechtwinklig«? Aber natürlich! Wenn wir uns die Bälle im Augenblick der Berührung vorstellen, ihre beiden Mittelpunkte über diesen Treffpunkt in einer gedachten Linie miteinander verbinden und jetzt einmal Winkelmesser oder Lineal anlegen, ergibt sich ein Winkel von etwa 95° Grad.

In dieser und allen folgenden Figuren ist die »gedachte Linie« natürlich nicht eingezeichnet. Die gestrichelten Mittellinien in den Bällen sollen nur helfen, das Treffen von Stoßball und Spielball I zu verdeutlichen.

Dennoch: Wir haben zwei Komponenten bei unseren Winkelzügen unberücksichtigt gelassen, nämlich Stoßstärke und Stoßpunkt. Im gerade geschilderten Fall wurde mit schwachem Stoß gespielt (durchgezogene Linie). Liegt der rote Ball in der Ecke (zwischen c und I, 1. gestrichelte Linie), verkleinert sich also der Winkel, muß der Stoßball tiefer und stärker gestoßen werden. Ist der Winkel noch kleiner (Spielball II neben dem mit I gekennzeichneten Diamanten), sollte der Stoßball tiefer und stärker genommen werden.

Merken wir uns bei dieser Gelegenheit: Die richtige Stoßstärke kann man nur durch Spielen erlernen, durch Erfahrung.

64

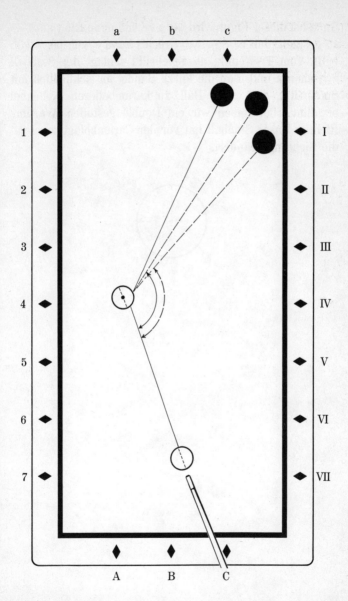

Auch bei dieser Figur wird der Stoßball ohne Effet auf »M«
so gespielt, daß er Spielball I rechts etwa ¼ voll bis ⅓ voll
trifft. Vom Treffpunkt an Spielball I schlägt der Stoßball
zwischen a und b an die kurze Bande, um schließlich mit
Spielball II, dem roten Ball, zu karambolieren. Nebenbei
erwähnt: Hier haben wir ein Doublé gestoßen. Warum?
Richtig: Unser Stoßball hat vor der Carambolage zweimal
die Richtung geändert.

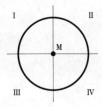

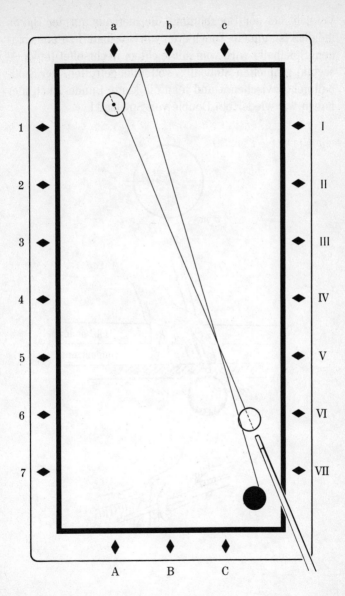

Vorsicht bei der Bockbildung, die hier nur auf der Bande möglich ist, um ein Touchieren von Spielball II zu unterbinden. Spielball I wird vom mit leichtem Rechtseffet (etwa S2 rechts) gespielten Stoßball ¼ voll links getroffen. Der Stoßball geht zwischen a und b an die kurze Bande. Auch hier haben wir wieder ein Doublé von Spielball I.

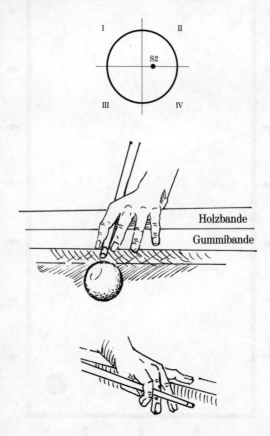

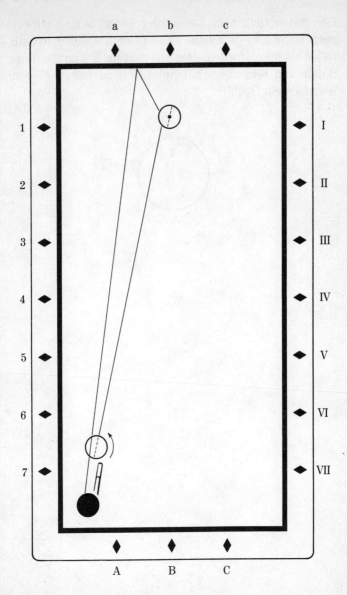

Der mit mittelhohem Rechtseffet (etwa 3 in Sektor II) gespielte, mäßig gestoßene Stoßball muß Spielball I etwas voller als ¼ voll treffen, geht von dort nahe 6 an die lange Bande, um schließlich mit Spielball II zu karambolieren. Ebenfalls ein Doublé.

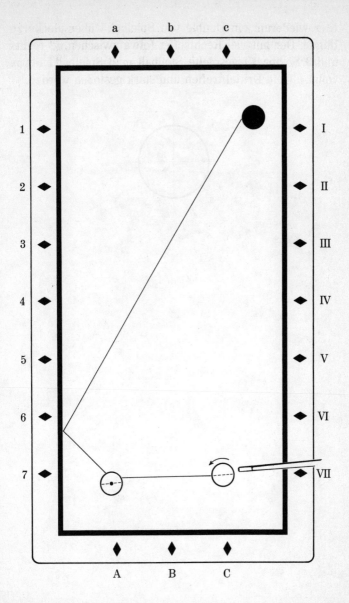

71

Hier wiederum ein Doublé von Spielball I über die kurze Bande. Der mit viel Rechtseffet (etwa zwischen S2 rechts und 3 Sektor IV) gespielte Stoßball muß Spielball I etwas voller als ein Drittel treffen und stark gestoßen werden.

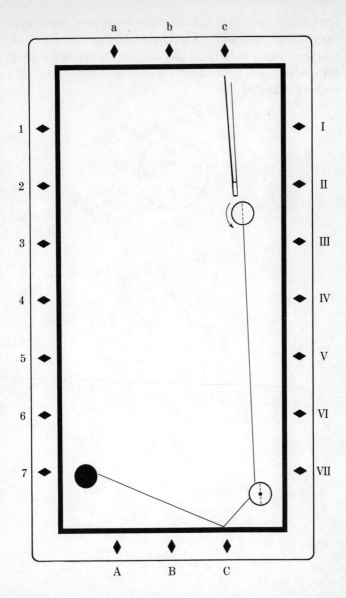

Dreimalige Richtungsänderung des Stoßballes nach dem Treffen von Spielball I – ein Triplé. Hierbei wird der Stoßball hoch (etwa zwischen 2 und 4 oben), aber ohne Seiteneffet gespielt und mittelstark gestoßen und trifft Spielball I rechts ein Drittel voll.

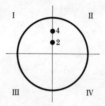

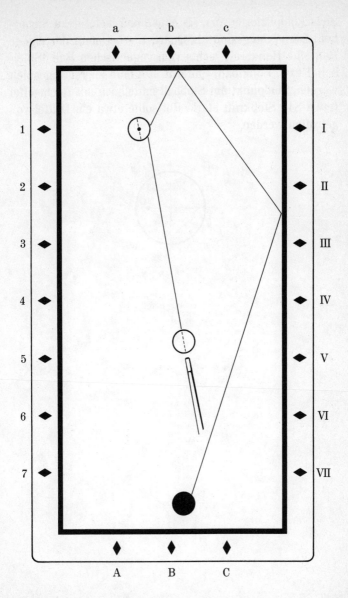

Sieht komplizierter aus, als es ist, und bietet dazu Sicherheit: Der Anfangsstoß als Quart. Hierbei steht der eigene Ball eine Handbreit rechts vom gegnerischen Ball (Spielball II bzw. Punktball) entfernt. Rot muß zuerst angespielt werden. Stoßpunkt am Stoßball mittelhoch mit Rechtseffet (etwa S4), Stoßkraft stark. Rot sollte etwa ein Drittel voll getroffen werden.

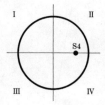

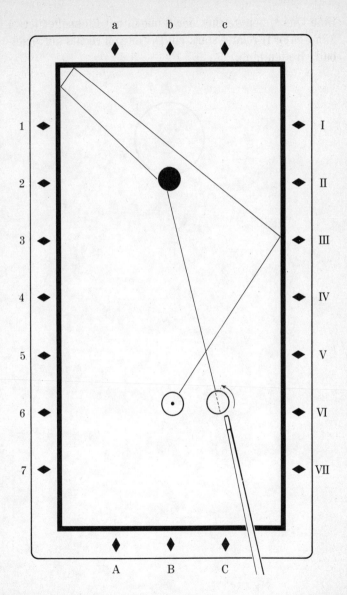

Eine Quart, bei welcher der Stoßball mit Linkseffet (etwa 3 in Sektor I) relativ stark ein Drittel voll rechts auf Spielball I treffen muß.

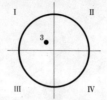

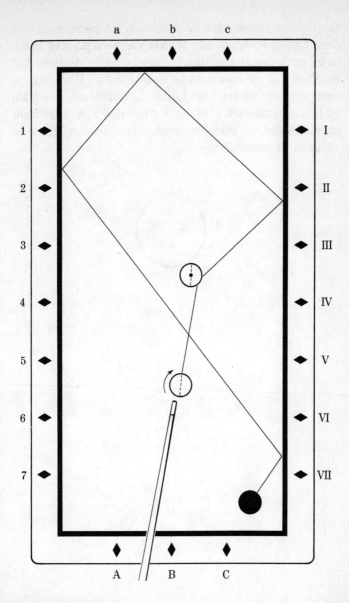

Bei diesem schwierigen Stoß werden die getrennten und doch ähnlichen Wege und Winkel von Stoßball und Spielball I nach der Begegnung besonders schön deutlich. Um Spielball I in die Sammelecke nahe Spielball II zu bekommen, muß der Stoßball mit Linkseffet mittelhoch (etwa auf S2 links) mittelstark gestoßen werden und Spielball I mehr als ein Drittel voll getroffen werden. Das richtige Tempo ist wirklich Übungssache.

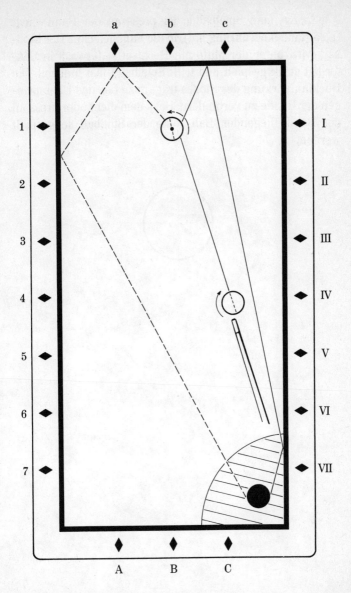

Wie bringt man Spielball I, der press an der Bande liegt (also Bandenberührung hat), in die Sammelecke? Der Stoßball wird unter der Mitte mit Rechtseffet (etwa 3 in Sektor III) stark gespielt und trifft Spielball I fast halbvoll. Die Rücklaufwirkung des Stoßes trägt dazu bei, das Überspringen der Bande zu verhindern. Bei jedem dicht oder press an der Bande liegenden Ball sollte der Stoßball so gespielt werden.

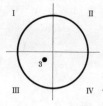

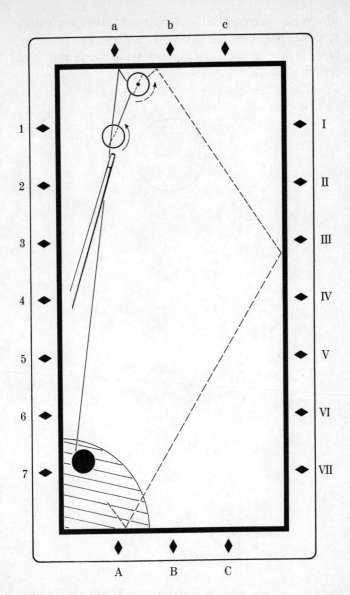

Die Wege von Stoßball und Spielball I zur Sammelecke verlaufen fast parallel, wenn der Stoßball, auf S2 (Mittel- höhe rechts) gespielt, nicht allzu stark ½ voll rechts auf Spielball I trifft.

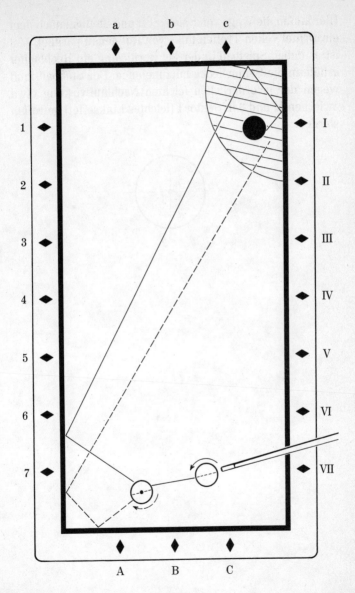

85

Hier laufen die Wege von Spielball II und Stoßball nach dem ein Drittel vollen Treffen links von Rot genau parallel. Ziel ist es dabei, Spielball II, der bei Berührung ein Rechtseffet erhält, in die Sammelecke mitzunehmen. Der Stoßball muß wegen der erforderlichen leichten Nachlaufwirkung etwa zwischen M und 3 in Sektor I (leichtes Linkseffet) getroffen werden.

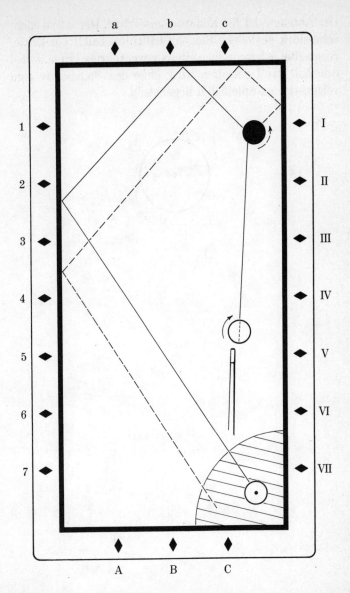

Der Anfangsstoß für Könner – als Triplé. Der auf M nicht sehr stark gestoßene Stoßball trifft Spielball II ein Drittel rechts. Beide beschreiben ein seitenverkehrtes Triplé, wobei Spielball I voll getroffen wird, ohne den Sammelkreis zu verlassen und Spielball II liegenbleibt.

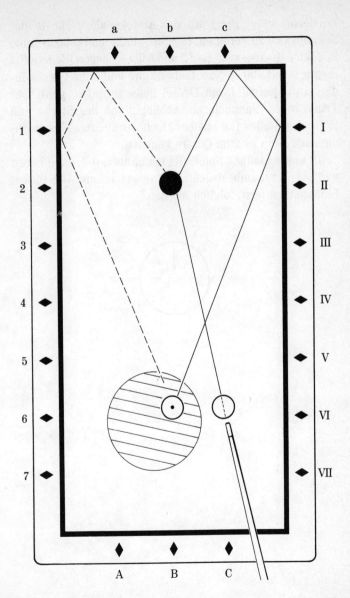

Wiederum eine Quart mit der Absicht, alle Bälle in der Sammelecke zu vereinen. Der Stoßpunkt am Stoßball sollte in Sektor II, etwa zwischen 2 und 5 über 3 liegen (Seiteneffet rechts, somit starke Nachlaufwirkung und hohe Geschwindigkeit). Spielball I, ein Drittel links getroffen, geht über Triplé in die Sammelecke. Abhängig von der Stärke und Höhe des Stoßes (zu »tiefes« Hoch, zu niedrige Geschwindigkeit), kann es zum Contre kommen.

Trifft unser Stoßball Spielball I feiner als ¼ voll, dann haben wir – vorerst unbeabsichtigt – »geschnitten«. Um diesen Stoß geht es jetzt, folglich um den

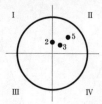

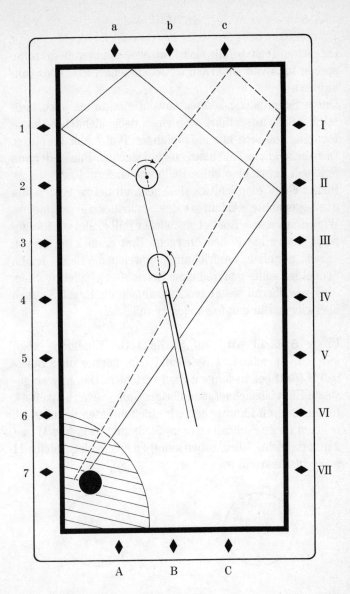

Schnitt

Das feine Treffen läßt sich noch weiter untergliedern. So spricht man von »haarfein treffen«, »schneiden« oder »anhauchen«.

Durch Schnittstöße können sowohl direkte als auch indirekte Stöße ausgeführt werden. Entscheidend bei »haarfein« ist, daß sich nur die äußersten Ballränder berühren. Das verlangt ein Zielen auf einen gedachten Punkt, der von Spielball I etwa eine halbe Ballbreite entfernt liegt.

Beim Schnitt empfiehlt es sich, generell tief zu stoßen, um das sogenannte »Ablaufen« des Stoßballes zu verhindern. Wir erinnern uns: Ein tief gestoßener Ball gleitet vorübergehend, bis er ins Rollen übergeht. Erst dann kann er von seiner geraden Laufrichtung abweichen. Beim feinen Schneiden sollte generell ohne Seiteneffet gespielt werden. Aber wie überall bestätigen Ausnahmen die Regel. So auch überwiegend in den folgenden Beispielen.

Unser Stoßball wird auf S2 links (in Mittelhöhe also) gespielt. Er schneidet Spielball I fein, könnte aber Spielball II (Rot) bei zu langem Stoß verfehlen. Das hier eingesetzte Effet bezeichnet man übrigens als »Sicherheitseffet«. In der unteren Figur sehen wir einen direkten Schnittstoß, bei dem unser Stoßball etwa im Stoßpunkt zwischen M und 2 unten (leichte Rücklaufwirkung) zu spielen ist. Spielball I ist rechts haarfein zu treffen.

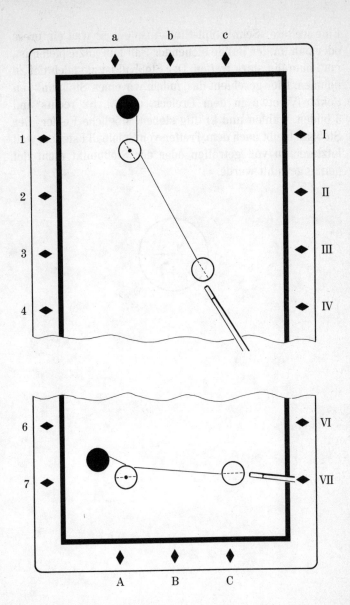

93

Eine weitere »Schnitt-mit-Effet-Ausnahme«: weil ein press oder nah an der Bande stehender Ball fein anzuspielen ist, muß man ihn stark treffen. Der Stoßball ist zugleich tief zu nehmen. Hier geschieht das, indem wir einen Stoßpunkt im Sektor IV, etwa in dem Dreieck, das M, S2 rechts und 3 bilden, wählen und kräftig stoßen. Mögliche Fehler: Der Stoßball bleibt nach dem Treffen von Spielball I stehen, weil letzterer zu voll getroffen oder der Stoßpunkt nicht tief genug gewählt wurde.

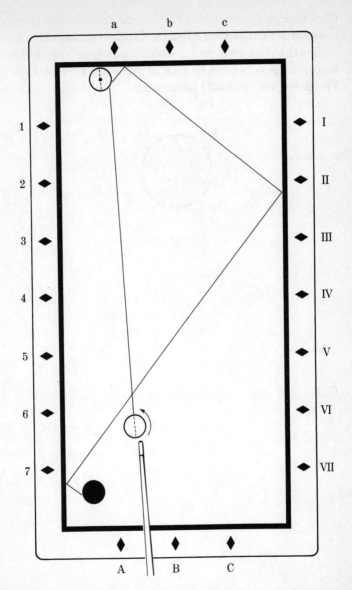

Fünf Richtungsänderungen – also eine Quint – und nochmals ein Schnittstoß mit Effet. Der Stoßball ist in Sektor IV, Stoßpunkt etwa zwischen 2 und 3, zu treffen. Wegen des langen Weges über alle Banden ist große Kraft erforderlich. Treffpunkt an Spielball I rechts fein.

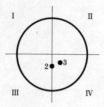

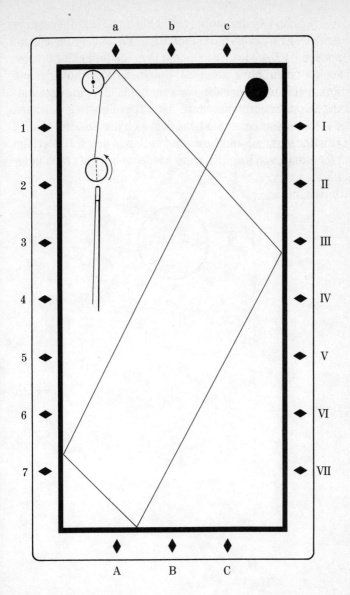

Ein Schnittstoß, der mit ungewöhnlich starkem Rechtseffet und viel Kraft (wegen der fünffachen Bandenberührung) zu spielen ist. Der ideale Stoßpunkt liegt hier in Sektor IV, also rechts unten, etwa unter S4. Spielball I wird äußerst fein links getroffen. (Nebenbei bemerkt findet hier ein sogenanntes Doppel-Tourniquet statt. Als »Tourniquet« bezeichnen die Franzosen einen Stoß, bei dem sich der Stoßball schnell von der kurzen Bande zur langen Bande dreht. Das erfolgt hier einmal von b auf III, dann wieder von B auf etwas unter 5.)

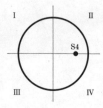

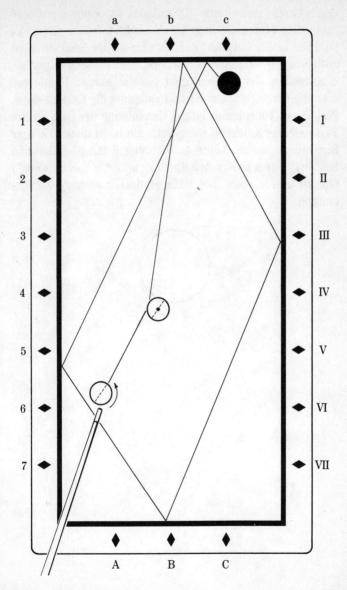

Das gerade vorgestellte Tourniquet in »optisch reiner«
Form. Der Stoßpunkt liegt hierbei auf S4, Seiteneffet links
(starker Linkseffet), auf der Mittellinie. Der Stoßball wird
mittelstark gestoßen, Spielball I ist rechts etwas feiner als
¼ zu treffen. Der Stoßball geht von der kurzen Bande vor
a an die lange Bande vor 1 und vollendet die Carambolage.
Ziel dieses Tourniquets ist die Vereinigung der Bälle in der
Sammelecke. Natürlich wäre auch ein nicht allzu kräftiger
Stoß an die lange Bande in Richtung 6 mit Stoßpunkt in
Sektor III, etwa zwischen 3 und 5, denkbar, wobei Spielball I
fein zu treffen wäre. Die Bälle sind aber so nicht zu vereinigen.

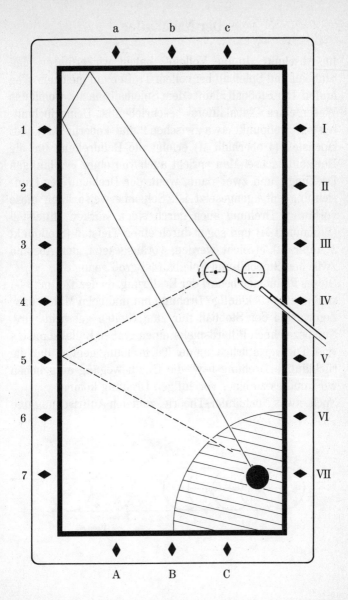

Der Nachläufer

Im Abschnitt »In die Vollen?« haben wir erfahren, daß Stoßball und Spielball bei vollem Treffen auf gleichem Weg laufen. Der Stoßball »läuft« dem Spielball »nach«, womit das Wesen eines »Nachläufers« beschrieben ist. Beim Hochmittelstoß (Stoßpunkt etwa zwischen 2 und 4 oberhalb M) oder Hochstoß (4 oberhalb M) erfolgt die Balldrehung um die Horizontalachse. Man spricht auch von einer »vorläufigen Drehung», und zwar dann, wenn der Drehsinn der Laufrichtung entgegengesetzt ist. Seltsamerweise kann diese vorläufige Drehung auch durch einen starken Mittelstoß (Stoßpunkt M) und sogar durch einen Tiefstoß (Stoßpunkt 2 unter M) erreicht werden, vorausgesetzt, der Abstand zwischen Stoßball und Spielball ist groß genug.

Dieses Phänomen bedarf der Erklärung, da der Tief(mittel-)stoß ja eine rückläufige Drehung hat und beim Mittel- bzw. Zentralstoß der Stoßball nur zum Gleiten gebracht wird. Nun bezeichnen Billardspieler einen großen Ballabstand als »viel Tuch«. Natürlich: an der Tuchreibung liegt es, daß die rückläufige Drehung bzw. die Gleitbewegung aufgehoben wird und es zu einer vorläufigen Drehung kommt.

Noch etwas Nachläufer-Theorie, zugleich Auffrischung und

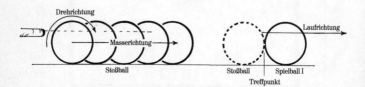

Vertiefung: Der voll karambolierende Stoßball (Stoßpunkt genau M) bleibt nach dem Zusammenprall mit dem Spielball liegen. Wie wir inzwischen wissen, geschieht das, weil er seine (Massen-)Kraft völlig an den Spielball abgegeben hat. Bei »viel Tuch« ist das, so unglaublich es klingt, auch der Fall. Der Stoßball scheint kurz stehen zu bleiben. Da durch die Tuchreibung aber das Vorwärtsrollen (die vorläufige Drehung) bereits eingeleitet ist, läuft der so gestoßene Ball trotz Kraftverlust weiter, dem Spielball nach.

Bei einem seitlichen Hochstoß (leichter Effet, beispielsweise durch Treffen auf die Stoßpunkte 3 in den Sektoren I oder II) weicht der Stoßball – er kennt seine Effetregeln auch! – entsprechend geringfügig ab. Und der Spielball? Wie es sich bei einem Effet gehört, lenkt er ihn in die Gegenrichtung des Stoßballs.

Wie kann man den Treffpunkt für einen Nachläufer ermitteln? Woerz hat dazu eine sehr schöne Konstruktion entwickelt.

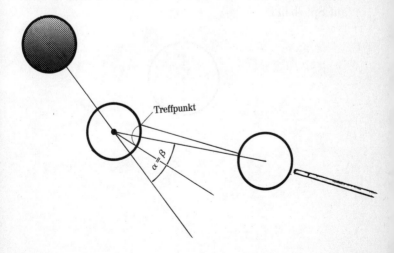

Treffpunkt

103

Die Mittelpunkte von Stoßball und Spielball I sowie von Spielball I und Spielball II sind als miteinander verbunden vorzustellen. Die Verbindungslinie von Spielball I und II wird über I hinaus verlängert, der dabei entstehende Winkel (α-β) halbiert und β um den rechten Schenkel geklappt. Der freie Schenkel schneidet Spielball I am gesuchten Treffpunkt. Diese Übung fällt übrigens auch unter die Rubrik »Hirnarbeit«. So lernt man schätzen.

Wie wir gleich sehen werden, gibt es direkte und indirekte Nachläufer, Nachläufer mit und ohne Effet, kurzum – den Kombinationsmöglichkeiten beim Billard sind eben keine Grenzen gesetzt.

Zunächst eine typische Nachlauffigur, bei der der Stoßball etwa bei 4 über M mittelstark gestoßen werden sollte. Spielball I wird sehr leicht rechts getroffen. Zu beachten ist hier die Bockbildung auf der Bande: Das Queue wird zwischen Mittel- und Zeigefinger geführt. Die gestrichelten Linien zeigen den Lauf des Stoßballs bei falschem Treffen auf Spielball I.

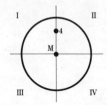

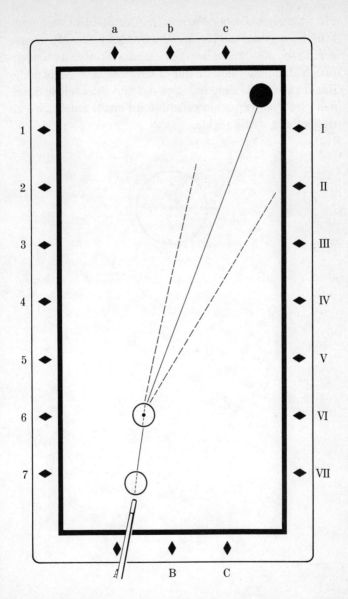

Ein weiterer typischer Nachläufer. Der Stoßball wird ohne Effet hoch gestoßen (Treffpunkt etwa bei 4 über M). Wegen der Nähe des Stoßballes zur Bande ist eine besondere Bockbildung erforderlich: Der linke Handballen liegt auf der Bandenkante, die Fingerspitzen auf der Tafel selbst. Spielball I ist unserer vorhin erläuterten Formel zufolge wo zu treffen? Ein wenig rechts.

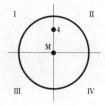

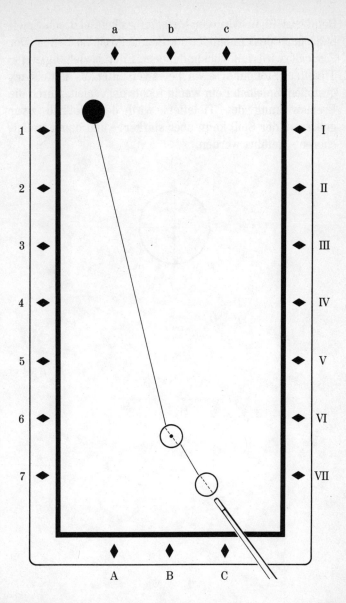

107

Bei dieser Figur wird der Nachläufer eingesetzt, um Spielball I nach dem Anbanden im Sammelkreis zu halten. Der Stoßball wird mit rücklaufendem Effet beziehungsweise Tiefeffet (Stoßpunkt etwa bei zwei unter M) mittelstark gestoßen, Spielball I ein wenig rechts angespielt. Durch die Bremswirkung des Tiefeffets wird der Stoßball zwar gebremst, der Stoß kann aber stärker – und damit treffsicherer – geführt werden.

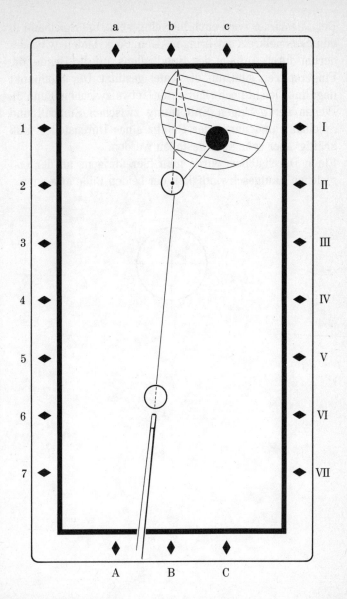

Der Nachläufer wird auch hier eingesetzt, um Spielball I in den Sammelkreis zu bringen. Den Bock bilden wir wiederum durch Auflage des Handballens auf die Bande, die Fingerspitzen sind auf die Tafel gestützt. Der Stoßpunkt liegt links leicht hoch (im Sektor I, etwa zwischen 3 und 5). Wegen der geringen Entfernung zwischen Stoßball und Spielball I und damit der Gefahr eines Durchstoßes muß kräftig, aber sehr kurz gestoßen werden.

Einen Durchstößer würde man hier übrigens an der fast gleichen Laufgeschwindigkeit der beiden Bälle erkennen.

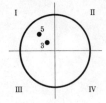

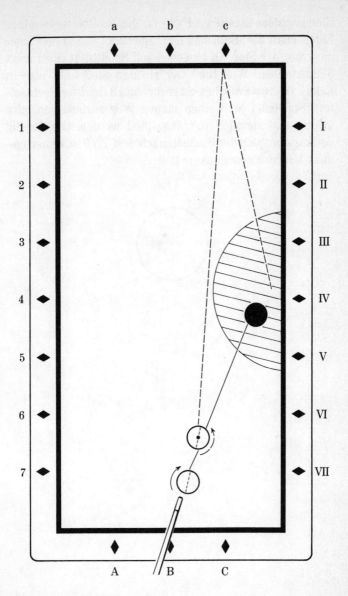

Eine geradezu klassische Figur für den Nachläufer in seiner Eigenschaft als »Ballsammler«. Spielball I soll in den Sammelkreis, der Stoßball hingegen soll Spielball II (Rot) nicht hinaustreiben. Was tun? Der richtige Stoßpunkt läge in Sektor II, etwa zwischen S2 rechts und 3 (leichter Rechtseffet). Spielball I muß einen langen Weg zurücklegen, also kräftig und ziemlich voll angespielt werden. Gleichzeitig verlangsamt sich der Stoßball nach dem Treffen wunschgemäß. Leichter gesagt als getan!

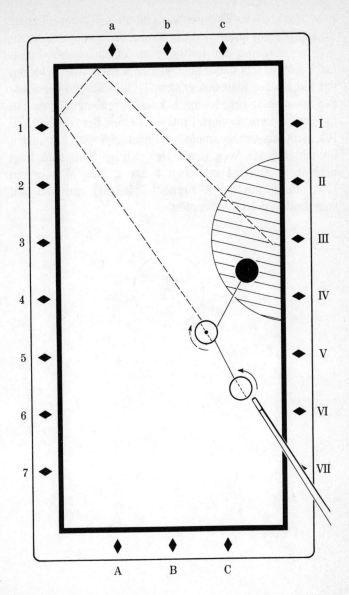

Zum Abschluß des Themas Nachläufer ein Figuren-Bonbon. Wieder besteht unser Ziel darin, alle Bälle in der Sammelecke zu vereinen und natürlich zu karambolieren. Spielball I scheint uns dabei im Wege zu stehen. Also schicken wir ihn einfach über den ganzen Tisch, während der Stoßball wundersamerweise nach kurzen Schlangenlinien mit Spielball II karamboliert. Problem hierbei: Der Stoßball soll Rot nicht aus der Sammelecke treiben, Spielball I hingegen braucht für den Weg Kraft. Der richtige Stoßpunkt liegt deshalb in Sektor I zwischen 3 und 2 über M, also ein Linkseffet – nur zur Sicherheit! Spielball I muß voll und sehr kräftig getroffen werden.

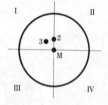

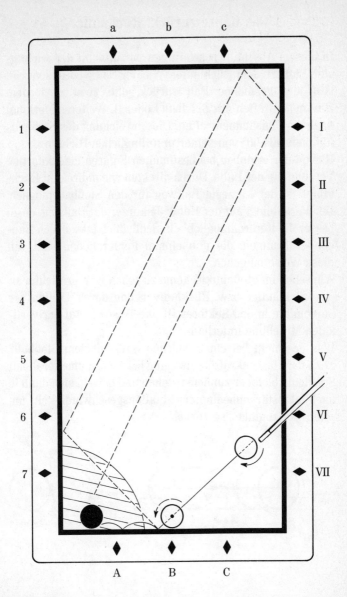

Das Ganze zurück! Rückläufer

In diesem Abschnitt beschäftigen wir uns mit der wichtigsten Stoßart, dem Rückläufer. Wie der Name bereits verrät, läuft der gestoßene Ball zurück, und zwar nach dem Zusammentreffen mit Spielball I oder II. Weiteres Merkmal nach dem Zusammentreffen: Die Abweichung des Stoßballs um mehr als 90° von seiner ursprünglichen Richtung.

Rückläufer erlauben bei bestimmten Figuren eine sofortige Vereinigung der Bälle. Durch direkten wie indirekten Rückläufer ist der kürzeste Ballweg für den Stoßball möglich. Der Vorteil liegt auf der Hand: Je kürzer der Ballweg, desto besser die Kontrollmöglichkeit. Schließlich lassen sich Bandenberührungen, die nun einmal Fehlerquellen sind, auf diese Weise umgehen.

Wie schon im Stoßpunktschema zu sehen war, erreicht man eine rückläufige bzw. Rücklaufwirkung durch Treffen der Stoßpunkte in den Sektoren III und IV sowie auf der vertikalen Mittellinie unterhalb.

Was geschieht bei einem solchen Stoß mit dem Stoßball? Nach der Massenkraftübertragung beim Zusammenprall mit Spielball I bleibt er zunächst stehen und bewegt sich dann je nach stoßstärkenbedingter Rotationsgeschwindigkeit um seine Horizontalachse zurück.

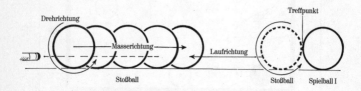

Für die Ermittlung des Treffpunkts an Spielball I hat Woerz ebenfalls eine schöne Konstruktion entwickelt, die hier wiedergegeben werden soll.

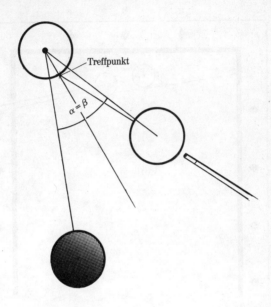

Die Mittelpunkte von Stoßball und Spielball I sowie Spielball I und II werden durch eine Linie verbunden, der so entstandene Winkel (α-β) wird halbiert. Treffpunkt ist der Punkt, an dem die Halbierungslinie den Rand von Spielball I schneidet.

Eine Empfehlung von Woerz, nämlich daß Anfänger die Halbierung mit dem Queue vornehmen sollten, wird in der Praxis sehr häufig befolgt. Das Queue-Anlegen ist in Billardsalons an vielen Tischen zu sehen.

Ein Rückläufer mit Effet hat seine Tücken, vor allem, wenn ein starkes Effet gegeben werden soll.

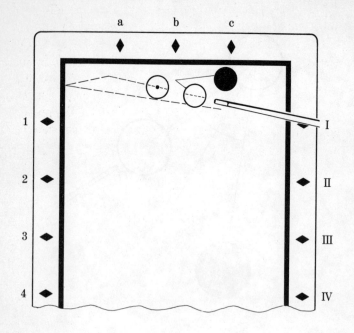

Wer bei dieser »einfachen« Figur dem Stoßball Rechtseffet gibt – den Stoßpunkt im Sektor IV, etwa bei 3, wählt – wird eine Überraschung erleben. Durch den Bandenabschlag von Spielball I wird die Richtung des Stoßballs entgegengesetzt geändert. Das muß bei Rückläufern mit Bandenberührung grundsätzlich berücksichtigt werden.

Für die sichere Ausführung eines Rückläufers ist ein spezieller Bock empfehlenswert, wenngleich nicht zwingend erforderlich. Die auf den Daumen aufgelegte Zeigefingerspitze bildet einen Ring für das Queue, wobei der Mittelfinger im Idealfall bis in die Handfläche gebeugt ist und mit Ringfinger und kleinem Finger stützt, die gespreizt auf der Tafel liegen. So kann das Queue sehr tief am Ball angesetzt werden. Völlig unsinnig ist es, das Queue einfach zwischen Daumen und Zeigefinger gleiten zu lassen. Grund: Mangels Führungsmöglichkeit läßt bereits die geringste Wippbewegung das Queue hochschnellen. Ergebnis: Ein sogenannter »toter Stoß«.

Bevor's an den Tisch geht, noch ein kurzes Memo. Auch beim Rückläufer gilt für die zu wählende Schnabellänge: Kurzer Abstand, kurzer Schnabel, großer Abstand, langer Schnabel. Schnabel? Das ist doch ... richtig, der Teil des Queues, der über den Bock herausragt.

Eine ideale Übungsfigur fürs Rückläufer-Training. Die übliche vertrackte Situation, bei der die Bälle in Linie liegen, der Stoßball freundlicherweise in der Mitte und Spielball II (rot) sehr dicht an der Bande, was die Handauflage auf dieser erschwert und die Gefahr des Touchierens erhöht, (weil wir Spielball II mit dem Queue berühren könnten, ein Fehler, der zur Ablösung führt).

Mit etwas steil gehaltenem Queue muß der Stoßball genau in der Mitte (exakt zwischen 2 und 4 unterhalb M) mäßig stark gestoßen, Spielball I genau in der Mitte getroffen werden. Stimmen Stoßrichtung und Stoßkraft, bekommt Spielball I ein Contre (einen Gegenstoß) von einem der anderen Bälle.

Die gestrichelten Linien zeigen zwei weitere Figurenmöglichkeiten, wobei Spielball II (rot) nach links oder rechts verschoben worden ist. Die Treffpunkte an Spielball I ergeben sich aus der Abbildung.

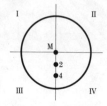

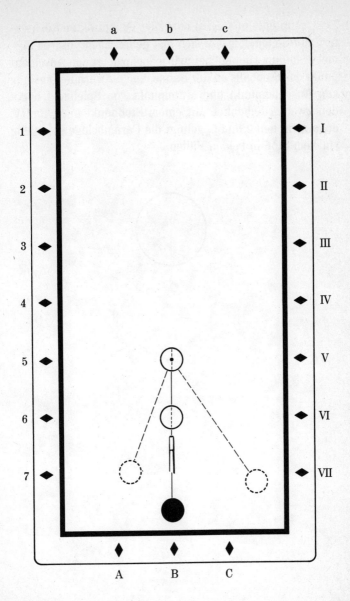

Der Treffpunkt an Spielball I bei diesen indirekten Rückläufern mit Seiteneffet läßt sich fast genau nach unserer Formel ermitteln. Hier suchen wir jedoch zuerst den Anschlagpunkt des Stoßballs an der Bande, und die Verbindungslinie von Anschlagpunkt und Mittelpunkt von Spielball I bildet den zweiten Schenkel. Mit einem Stoßpunkt in Sektor IV, etwa zwischen 3 und 5, gelingt die Carambolage bei mäßig starkem Stoß in beiden Fällen.

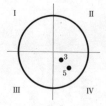

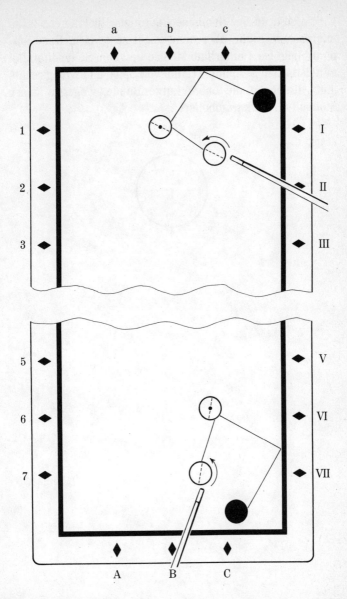

Vereinigung in der Sammelecke mittels Rückläufer – eine interessante Figur, aber nicht leicht zu spielen. Der Stoßpunkt liegt bei 4 unterhalb M, also tief, kein Seiteneffet. Bei mittelstarkem Stoß und Treffen von Spielball I wenig rechts läuft dieser an die obere kurze Bande, wogegen unser Stoßball direkt karamboliert.

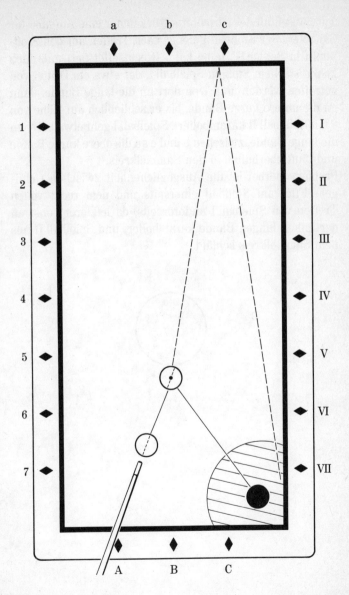

Zum Abschluß des Abschnitts Rückzieher eine Aufgabe für Sammler: Der Stoßball gelangt nach Treffen auf den Stoßpunkt in Sektor IV, nahe bei 5 (Rechtseffet tief) und nach mäßig starkem Stoß zu Spielball I, der etwa ein Drittel voll getroffen werden muß; von dort an die lange Bande, dann an die untere kurze Bande, bis er schließlich auf Höhe von 6 mit Spielball II karamboliert. Spielball I geht etwa bei V an die lange Bande, zwischen b und c an die obere kurze Bande und läuft oberhalb 6 in den Sammelkreis.

Problem hierbei ist die Ausgeglichenheit zwischen richtigem Effet am Stoßball einerseits und dem recht vollen Treffen von Spielball I andererseits, da letzterer sonst an der linken langen Bande karamboliert und Spielball II aus dem Sammelkreis schlägt.

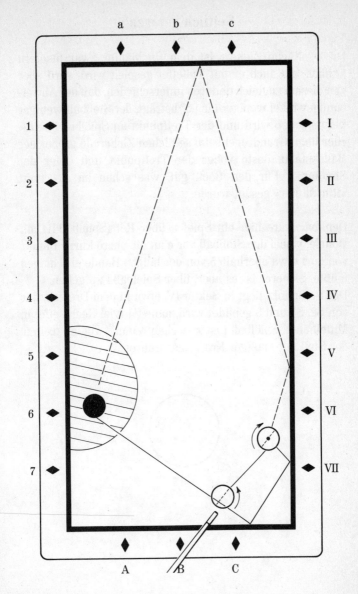

Seitlich gezogen

Der »seitliche Zieher« ist dem Rückläufer zwar insofern ähnlich, als auch er mit Tiefeffet gespielt wird, wird aber von diesem zugleich dadurch unterschieden, daß der Abweichungswinkel weniger als 90° beträgt, der Stoßball weniger tief gestoßen wird und der Treffpunkt an Spielball I seitlicher liegt. Grundregel beim seitlichen Zieher: Je größer der Ballabstand, desto voller der Treffpunkt und tiefer der Stoßpunkt. Für den Bock gilt, was schon im Abschnitt »Rückläufer« gesagt wurde.

Denkbar wäre hier ein Spielen über Rot (Spielball II) mit Doublé, wobei der Stoßball vor c an die obere kurze Bande, von dort etwa oberhalb 5 von der langen Bande abschlagen müßte. Sicherer ist es aber, über Spielball I zu gehen.
Der Stoßpunkt liegt in Sektor IV, etwa in dem Dreieck, das von S2, S4 und 3 gebildet wird, nahe S4 (viel Rechtseffet in Mittelhöhe). Spielball I ist zwischen ⅓ und ½ voll zu treffen, der Stoß mit mäßiger Kraft auszuführen.

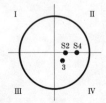

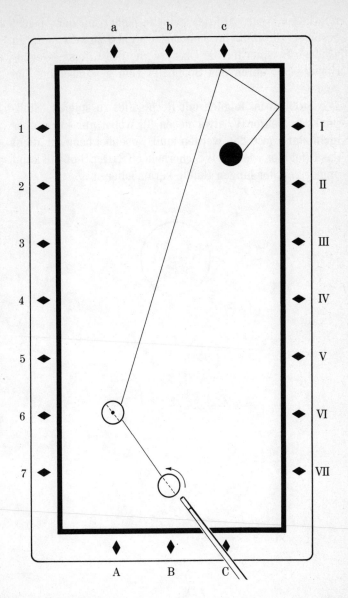

Bei dieser Figur wird der seitliche Zieher mit der Absicht gestoßen, die Bälle im Sammelkreis um 3 zu vereinen. Ein schönes Beispiel für die Übertragung des Effets – Gegenrichtung! –, durch das Spielball I zum gewünschten Ziel gelangt.

Der Stoßball ist folglich mit Rechtseffet zu spielen (Stoßpunkt in Sektor IV, etwa neben 3), wobei nur kurz, aber nicht stark gestoßen werden muß. Nebenbei bemerkt, dient das Effet hier wieder als Sicherheitseffet. Der Stoßball kann immer von der langen Bande karambolieren.

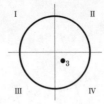

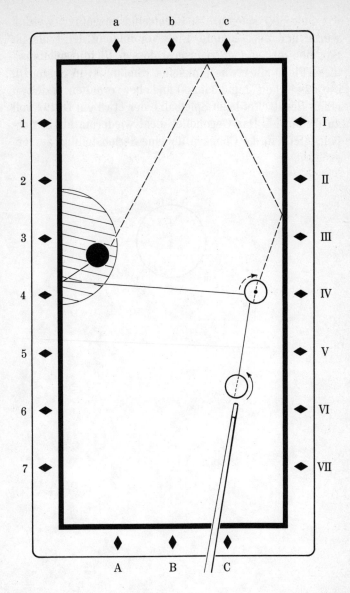

131

Ein Stoß, der spontan mit Rechtseffet ausgeführt werden würde und auch könnte. Eine Vereinigung der Bälle im Sammelkreis ist aber so ausgeschlossen. Richtig spielt man diese Figur mit etwas Linkseffet (Stoßpunkt in Sektor III, etwa zwischen M und 3 links) und eher verhalten, erzielt so einen Rechtseffet beim Spielball I, der etwa ein Drittel voll zu treffen ist. Das Gegeneffet dient wiederum als Sicherheitseffet, um die Chancen für eine Serienstellung zu vergrößern.

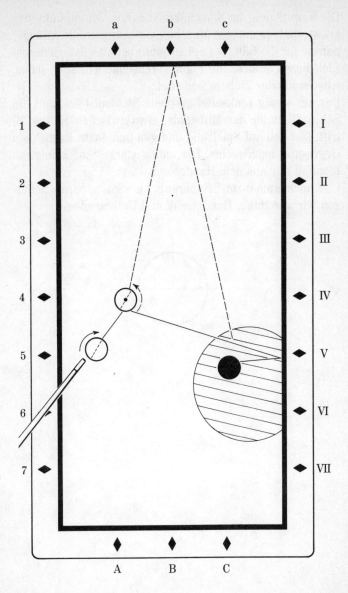

Die Vereinigung im Sammelkreis, dessen Mittelpunkt sich etwas von der unteren Mouche (so nennt man die Auflagepunkte für die Bälle bei Spielbeginn) befindet, ist wiederum Ziel dieses Stoßes. Die Figur veranschaulicht sehr schön, was »seitliches Ziehen« bedeutet.

Der mit wenig Linkseffet gespielte Stoßball (Stoßpunkt in Sektor III unter der Mittellinie, etwa zwischen S2 und 3) trifft fast voll auf Spielball I und gibt ihm damit folglich ein Gegeneffet nach rechts. Der mäßig starke Stoß erfolgt im Idealfall nur aus dem Handgelenk.

Und noch einmal zur Erinnerung: Als »Stoßapparat« benutzen wir nur Hand, Handgelenk und Unterarm!

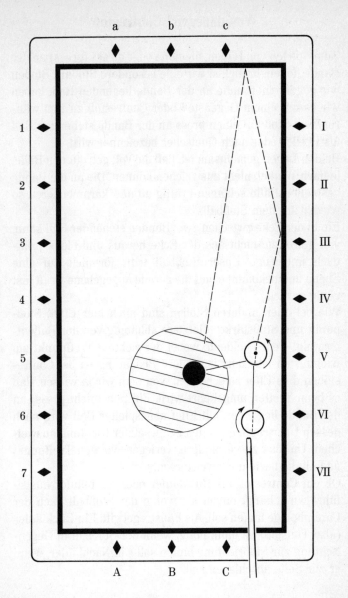

Was dagegen? Contrestoß

Zum Spielen von Bällen, die nahe oder direkt (press) an der Bande liegen, brauchen wir eine besondere Stoßart. Stoßen wir gegen einen nahe an der Bande liegenden Ball, haben wir es mit einem Gegenstoß oder Contrestoß zu tun, während ein Stoß auf einen press an der Bande stehenden Ball als Preller oder auch Quetscher bezeichnet wird.

Beiden Lagen gemeinsam ist, daß die voll getroffenen Bälle, je nach Winkel, nicht ausweichen können. Die an die Bande gespielten Bälle schlagen kräftig ab und karambolieren so wieder mit dem Stoßball.

Ein in der Ecke zwischen zwei Banden stehender Ball kann, voll getroffen, nicht aus der Ecke heraus und bleibt praktisch unbewegt. Unser Stoßball trifft förmlich auf eine Ebene und bekommt somit die gerade abgegebene Kraft fast völlig zurück.

Wie bei allen anderen Stößen sind auch hier Effet, Stoßpunkt und Stoßstärke – letztere abhängig von der Ballentfernung – entscheidend, wobei der richtige Treffpunkt am wichtigsten ist. Ganz besondere Beachtung ist bei Contrestößen dem Effet zu schenken, von dem wir ja wissen, daß es beim Treffen umgekehrt wird. Ein nah (nicht press) an der Bande liegender, mit Effet angespielter Ball wird nach dessen Übertragung in entgegengesetzter Richtung ausweichen. Um das zu verhindern, verlegen wir den Treffpunkt nach links beziehungsweise rechts.

Ob ein Contrestoß als Rückläufer oder Nachläufer ausgeführt wird, hängt davon ab, wohin der Stoßball nach der Carambolage laufen soll. Als Faustregel gilt: Ein Rückläufer (also Tiefstoß) ist dann nötig, wenn der Stoßball in Gegenrichtung zur Stoßrichtung laufen soll, ein Nachläufer, wenn er zur Seite abschlagen soll.

Tiefgestoßene Preller kehren die Laufrichtung des Stoßballes um. Deshalb ist mit Seiteneffet zu arbeiten, wenn der Stoßball vor der Carambolage noch an die Bande gehen soll.

Ein klassisches Problem – zwei Lösungsmöglichkeiten:
Spielball I steht press, Spielball II in der Ecke zwischen
oberer kurzer und rechter langer Bande. Die hier gespielte
Quart ist sicherlich eine überraschende Lösung.

Der tief rechts sehr stark zu stoßende Stoßball (Stoßpunkt
in Sektor IV, etwa bei 5, kurz vor der Kickszone) trifft
Spielball I rechts ½ voll. Sein Rechtseffet, das er ja zurück-
erhält, wird durch Spielball I noch verstärkt, und er läuft
über lange Bande, kurze Bande und die andere lange Bande
zu Spielball II.

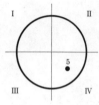

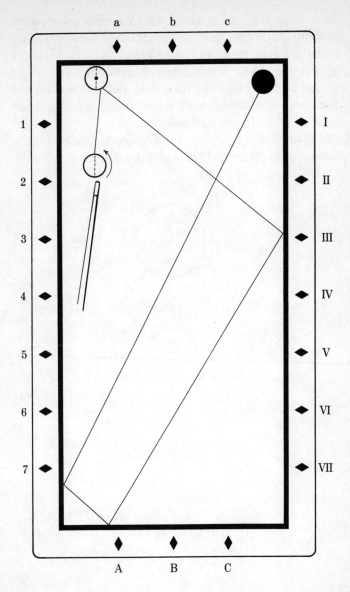

Diese Stoßlösung ist sicherlich vom Zuschauen vertrauter. Der Stoßball wird mit mittlerer Kraft hoch gestoßen, bekommt also Nachlaufwirkung (Stoßpunkt in Sektor I, etwas oberhalb der Verbindungslinie zwischen 2 über M und 3) und leichtes Linkseffet (in diesem Fall Contreeffet) und läuft nach dem Abschlagen des fast ½ voll links getroffenen Spielballs I im Bogen zu Spielball II.

Die gestrichelte Linie zeigt den Weg des Stoßballs, wenn er bei gleichem Stoßpunkt Spielball I weniger als ½ voll trifft.

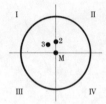

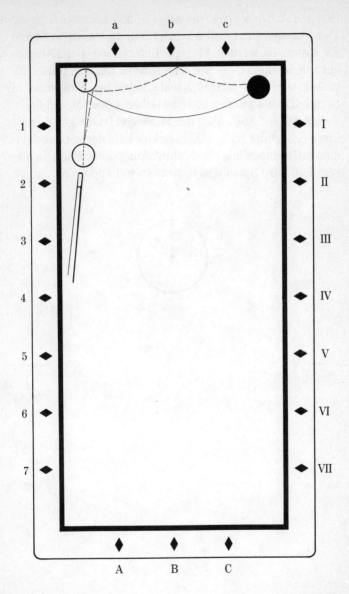

Hier liegen beide Spielbälle press in den Ecken. Bei dieser Figur können Punktball wie roter Ball mit gleichem Ergebnis angespielt werden. Einziger Unterschied: Beim Anspielen von Spielball I, der wie eben halbvoll links zu treffen ist, stoßen wir hoch rechts (Nachlaufwirkung, Stoßpunkt in Sektor II, etwa auf der Linie zwischen 4 über M und 5).

Gehen wir auf Rot – Weg der Stoßkugel ist die gestrichelte Linie –, liegt der Stoßpunkt in Sektor I auf der entsprechenden Verbindungslinie (Nachlaufwirkung, Linkseffet). In diesem Fall wird Spielkugel II nicht so voll angespielt.

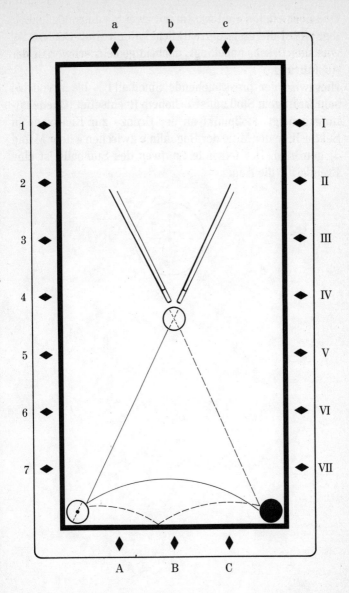

Und noch einmal ein Problem mit zwei Lösungsmöglichkeiten, wobei die erste ein wirkliches Contrestoß-Bonbon ist,
was das Dessin anbelangt, doch ungemein schwer in der
Ausführung.

Hier wird der press stehende Spielball I ¾ bis ½ voll bei
sehr kräftigem Stoß mit sehr hohem Rechtseffet (Queuehaltung geneigt, Stoßpunkt an der Grenze zur Kickszone in
Sektor II, in der Mitte der Bogenlinie zwischen 4 über M und
5) getroffen. Der folgende Laufweg des Stoßballs ist eine
Freude für die Augen.

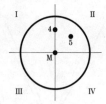

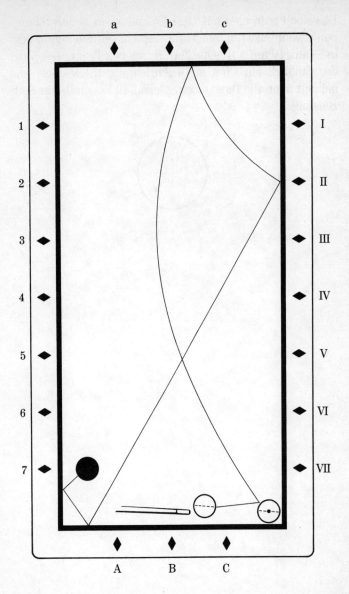

Dieselbe Figur, aber mit Tiefeffet und etwas vollerer Treff-
punktwahl links auf Spielball I gespielt. Der Stoßpunkt liegt
in Sektor IV auf 5 (Rechseffet). Durch den Preller bekommt
der Stoßball ein Effet in Gegenrichtung (Linkseffet) und
gelangt über alle Banden zu Spielball II. Ebenfalls ein Spit-
zenstoß!

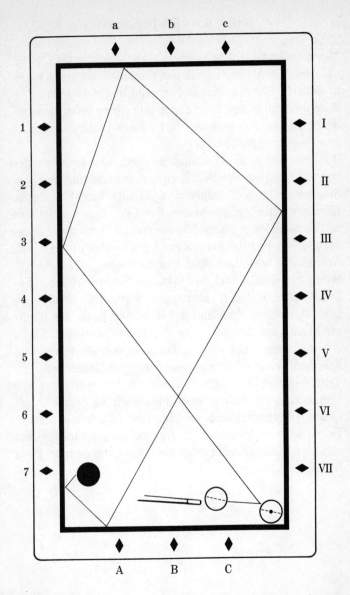

Bälle, die sich begegnen

Magie scheint für den Zuschauer am Werk zu sein, wenn auf dem Billard der Stoßball den Punktball in offensichtlich unlösbarer Situation auf Rot zutreibt und dieser Ball sich überraschend in eine Richtung in Bewegung setzt, die letztlich doch zur Carambolage führt. Diesen Ballzauber bewirken Begegnungsstöße.

Ihr Prinzip: Spielball I schlägt den nah oder press an der Bande stehenden Spielball II an dieselbe und dadurch dem Stoßball entgegen, während Spielball I zur Seite geht (genauer natürlich: geschlagen wird) und dem nachlaufenden Stoßball Platz macht. Woraus zu entnehmen ist: Begegnungsstöße werden überwiegend als Nachläufer gespielt. Ausnahmen bestätigen auch hier die Regel.

Wenn wir wissen, daß das Effet des Stoßballs über Spielball I auf Spielball II übertragen wird, und dazu noch berücksichtigen, daß Spielball II immer nach der Treffpunktseite auf Spielball I von der Bande abschlägt, haben wir das Geheimnis, warum die Bälle sich so wundersam vereinen, schon gelüftet – rein theoretisch zumindest.

Trifft Spielball I Spielball II, worauf letzterer über die Bande zum Stoßball gelangt, haben wir es ebenfalls mit einem Begegnungsstoß zu tun. Das Geheimnis hierbei: Durch exakten Mittelstoß/Zentralstoß (Bremswirkung) hat sich der Stoßball nicht oder nur kaum von seinem Platz bewegt.

Bleiben die sogenannten »Einholer« unter den Begegnungsstößen. So bezeichnet man einen Stoßball, der den dritten Ball (bei unseren Beispielen immer Spielball II) direkt oder indirekt »einholt«. Sie gehören jedoch wirklich in die Abteilung »Billardzauberei«.

Ein Nachläufer führt hier zur Begegnung und Vereinigung im Sammelkreis, wenn man weiß, wie. Der Stoßpunkt liegt in Sektor I, etwa zwischen 2 über M und 3 (Linkseffet leicht hoch), Spielball I wird leicht links, etwas über ein Drittel, mäßig angespielt.

Wie zuvor gesagt, schlägt Spielball II immer Richtung Treffpunktseite auf Spielball I von der Bande ab, nachdem er zuvor das Effet des Stoßballs übernommen hat.

Also trifft Spielball I auf Spielball II, weicht wegen der Stoßstärke nur leicht nach rechts aus und macht die Bahn frei für den Stoßball, der mit Spielball II im Sammelkreis karamboliert. Schön daran: Die Bälle warten darauf, gleich wieder zu karambolieren.

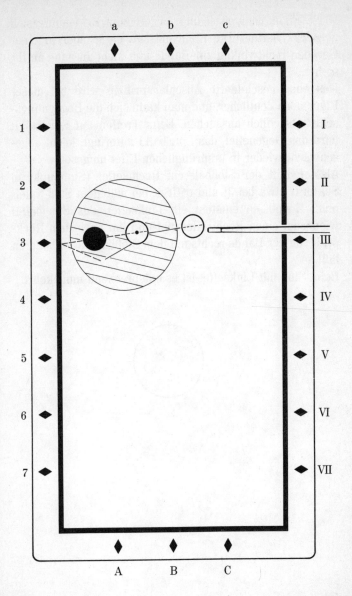

Diese Figur ist typisch und fordert zum Begegnungsstoß geradezu heraus. Die Bälle müssen dafür aber in einer Geraden rechtwinklig zur Bande und nicht zu nahe an ihr stehen.

Das eben geschilderte Abschlagsprinzip wird bei dieser Figur noch deutlicher, und man kann sich die Begegnungs- seite tatsächlich aussuchen. Beim Treffen auf Spielball II wird das Gegeneffet, das Spielball I mitbringt, leicht abge- schwächt wieder in ursprünglichen Effet umgesetzt.

Also: Erhält der Stoßball ein Rechtseffet (Stoßpunkt in Sektor II etwa bei 3) und trifft er bei mäßigem Stoß Spiel- ball I ¼ voll, so entsteht ein Linkseffet, das Spielball II wiederum einen Rechtseffet gibt und ihn nach dem Rück- prall von der Bande rechts mit dem Stoßball karambolieren läßt.

Beim Stoß mit Linkseffet ist es entsprechend umgekehrt.

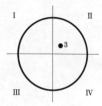

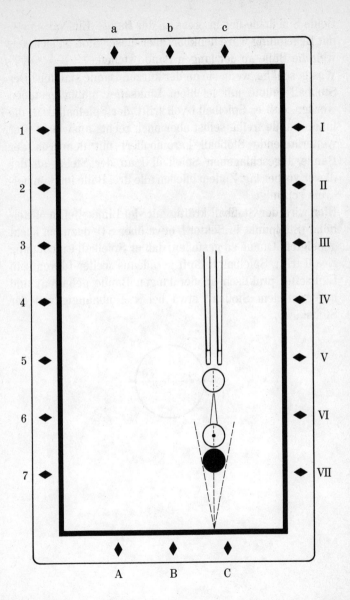

153

Beide Spielbälle liegen press an der Bande. Ein Nachläufer mit Begegnung wäre denkbar, aber dieser Stoß ist sicherer, weil die Bälle an der langen Bande stehen.

Was geschähe, wenn sie an der kurzen Bande ständen? Der Stoßball müßte mit leichtem Linkseffet mäßig gestoßen werden, daß er Spielball I voll trifft, der Spielball II an die lange Bande treibt, selbst aber nach rechts ausweicht. Der weiterlaufende Stoßball karamboliert mit dem von der Bande abgeschlagenen Spielball II an der Stelle, an der dieser vorher lag. Zudem blieben alle drei Bälle im Sammelkreis vereinigt.

Hier wird der Stoßball kräftig mit viel Linkseffet in Mittelhöhe (Stoßpunkt in Sektor I, etwa über S4), dazu bei leicht geneigtem Queue so gestoßen, daß er Spielball I nicht ganz ¼ voll trifft. Spielball II läuft geradeaus weiter (durch sein Linkseffet praktisch an der langen Bande gehalten) und begegnet dem Stoßball etwa bei x – abhängig von der Stoßstärke.

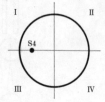

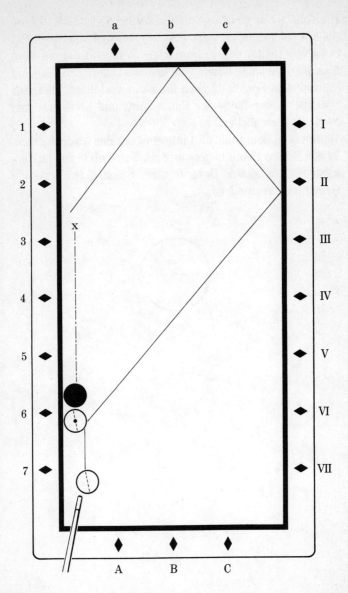

155

Hier bleibt nur die dargestellte Lösung: Der Stoßball muß über M bei 2 ziemlich stark gestoßen werden und Spielball I etwa ein Drittel voll links treffen. Während der Stoßball über b an die lange Bande geht und von unterhalb I diagonal läuft, weicht Spielball I nach links aus und macht Platz für Spielball II, der längs der Bande läuft und bei X mit dem Stoßball karamboliert.

Würde man dem Stoßball Linkseffet mit der Absicht geben, in der Ecke c I eine Begegnung mit Spielball II zu erzielen, käme es zu einem Doppelcontre. Spielball I würde die Begegnung verhindern.

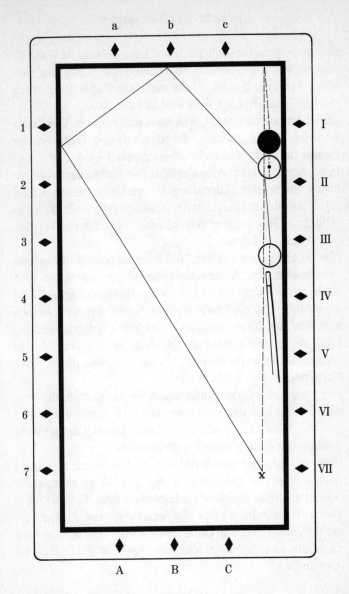

157

Endlich: Der Vorbänder

Bei uns – diese persönliche Anmerkung sei erlaubt – zählt's doppelt, wenn die Karambolage nach einem Vorbänder vollendet wird, der zudem – falls mehrfach Bandenberührung erfolgte – den Spieler strahlend lächeln läßt.

Damit ist bereits gesagt, was man unter einem Vorbänder versteht: Einen Stoßball, der den zweiten Ball von der Bande aus trifft, also nicht direkt gespielt wird.

In besseren Spielerkreisen erfährt der Vorbänder zuweilen fast schon wieder Mißachtung. Woerz hingegen bezeichnet ihn nicht nur als »Helfer in der Not«, sondern weiß auch das »Glücksgefühl« zu beschreiben, das ein gelungener Vorbänder vermitteln kann.

Einmal abgesehen von der Punkteverdoppelung (die selbstverständlich der Absprache bedarf) – wann spielt man Vorbänder? Jedenfalls nicht bei einer direkten Partie. Da ist dieser indirekte Stoß naheliegenderweise verboten. Ansonsten sind den Einsatzmöglichkeiten keine Grenzen gesetzt. Egal ob bei press stehenden Bällen, bei Masken oder in Augenblicken, wenn die Serie verlorenzugehen droht, – der Vorbänder bringt Rettung.

Der Name allerdings deutet schon die Gefahr an, die dem Stoß innewohnt: der Vorbänder kann zwangsläufig nur so gut sein, wie es der Zustand der Bande zuläßt. Und der ist in öffentlichen Hallen zuweilen jämmerlich.

Gefahr – genauer gesagt, eine Fehleinschätzung – droht noch aus einem zweiten Grunde. War da nicht was mit Anschlagwinkel gleich Abschlagwinkel bzw. Einfallwinkel gleich Ausfallwinkel? Zur Wiederholung, weil es nicht oft genug gesagt werden kann: Eben nicht! Die Winkel sind allenfalls annähernd gleich, vorausgesetzt die Bande ist einwandfrei.

Und nun ran an die Vorbänder. Aber wie ermitteln wir den richtigen Abschlagpunkt??

Auch hierfür hat Altmeister Woerz Rechenrezepte parat, die es sich zu merken lohnt. Betrachten wir zum Verständnis folgende Abbildung. Wer will, kann am Tisch das Queue zum Üben zur Hilfe nehmen.

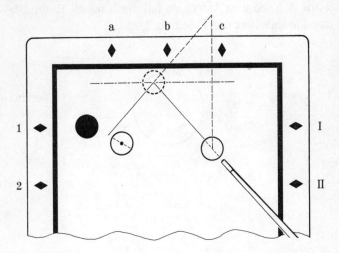

Zur oberen kurzen Bande stellen wir uns eine Parallele im Abstand eines Ballhalbmessers vor. Jetzt fällen wir vom Mittelpunkt des Stoßballs auf die Parallele eine Senkrechte, die über den Schnittpunkt mit der Parallele hinaus noch einmal um sich selbst verlängert wird. Vom Endpunkt dieser Senkrechten denken wir uns eine Gerade, die den Mittelpunkt der Verbindungslinie zwischen Spielball I und Spielball II schneidet. Das vom Schnittpunkt dieser Geraden mit der Parallelen auf die Bande gefällte Lot bestimmt den gesuchten Abschlagpunkt.

Der Stoßball wird hier übrigens ohne Effet etwas oberhalb M gespielt.

Bei dieser Figur sollten wir uns zunächst an das »Banden-unwesen« in Punkto Effet erinnern. Es kehrt das Effet um! Zur Abschlagpunktermittlung: Wir fällen vom Mittelpunkt der Verbindungslinie der Spielbälle I und II eine Senkrechte auf die Bande. Der Schnittpunkt ist etwa der Zielpunkt für den Stoßball. Stoßpunkt hier in Sektor III, etwa zwischen 3 und 5. Nach dem Anbanden hat der Stoßball Rechtseffet und karamboliert durch Schnitt.

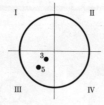

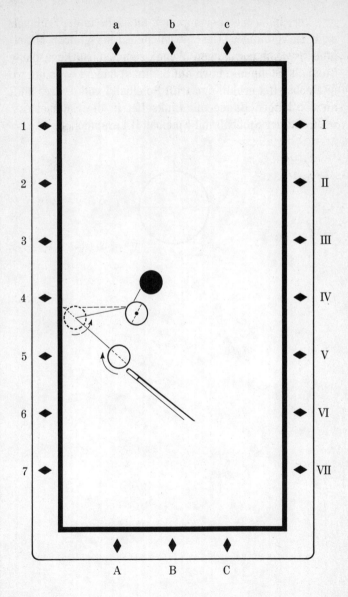

Der Vorbänder bietet sich an, um die Bälle in der Sammelecke zu vereinigen. Der mit leichtem Linkseffet in Mittelhöhe (wegen der langen Wege) ziemlich stark gespielte
Stoßball (Stoßpunkt etwa auf S2 links) bandet bei a an, wo
er Rechtseffet erhält, und trifft Spielball I voll. Dieser läuft
an der langen Bande mit Linkseffet in die Sammelecke,
während der Stoßball mit Spielball II karamboliert.

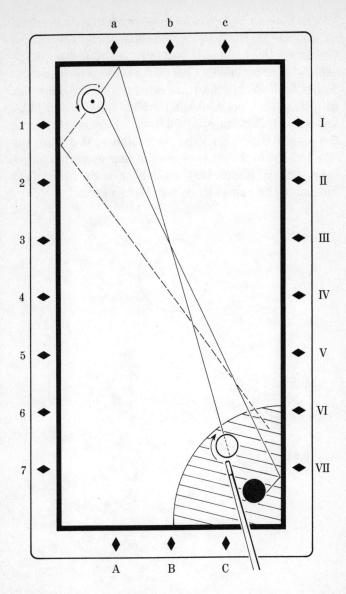

Andere Lösungsmöglichkeiten sind hier für erfahrene Spieler möglich. Am sichersten – und einfachsten – ist aber ein Vorbänder. Der Stoßpunkt liegt etwa bei S2 rechts (Mittelhöhe, leichter Seiteneffet). Bei mäßig starkem Stoß geht der Stoßball mit Rechtseffet (Umkehrung) von der Bande ab, trifft Spielball I, der Linkseffet erhält, ziemlich voll links, und karamboliert mit Spielball II nach Effetumkehrung an der langen Bande bei V im Sammelkreis. Das Effet von Spielball I wird durch Bandenberührung wiederum umgekehrt (in ein Rechtseffet), so daß er nach nochmaliger Anbandung im Sammelkreis zum Stehen kommt.

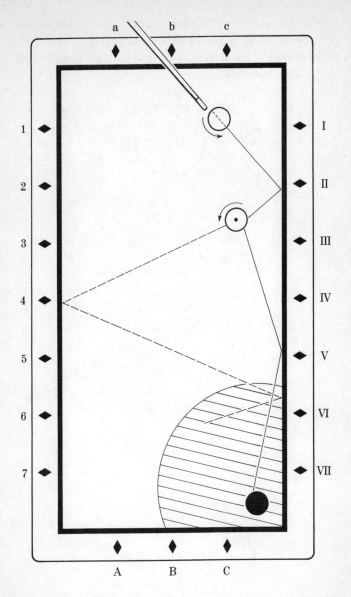

Übungsstoff für die Dreibandenpartie: Mit viel Rechtseffet mittelhoch getroffen (Stoßpunkt etwa S4 rechts) und mäßig stark gestoßen, karamboliert der Stoßball, nachdem er dreimal angebandet hat.

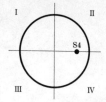

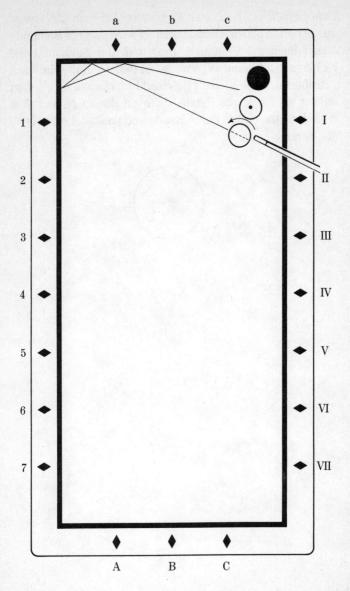

Zum Schluß ein brillanter Vorbänder, bei dem die untere kurze Bande gleich dreimal berührt wird und die Bahnlinie einem flachen »W« ähnelt. Hier muß der Stoßpunkt tief rechts liegen (Sektor IV, etwa bei 5) und der Ball sehr stark getroffen werden. Er trifft Spielball I links etwa ¼ voll, geht wieder an die kurze Bande, dann an die lange, von dort zurück an die untere kurze Bande und vollendet schließlich die Carambolage.

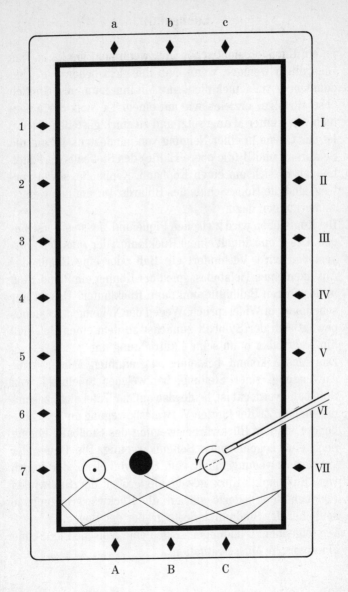

Lochgefahr!

So ein Kopfstoß sieht schön aus, wenn man ihn kann. Das Billardtuch weniger, wenn man ihn nicht beherrscht. Und dem Queue tut's auch nicht gut. Mit ihm kann man ähnlich böse »Erfolge« erzielen wie mit einem Tiefstoß, der unterhalb von 4 unter M angesetzt und zu stark gestoßen wurde. Ist das Queue in einer Neigung von mindestens 45° auf die Sektoren I und II (die obere Hälfte) des Stoßballs gerichtet, handelt es sich um einen Kopfstoß. Kopfstöße, soviel vorweg, sind die Hohe Schule des Billards. Darum nur wenige Anmerkungen dazu.

Bei Kopfstößen wird zwischen Piqué und Massé unterschieden. Das Piqué ähnelt einem Rückläufer, der »aus der Luft« gestoßen wird. Verhindert ein Ball oder eine Bande das Ansetzen eines Tiefstoßes, spielt der Könner ein Piqué. Stoß in der oberen Ballhälfte und dann Rückläufer? Das ist nur scheinbar ein Widerspruch. Wegen der Neigung des Queues bewegt sich der Stoßball zunächst zu dem einen Spielball hin, kehrt aber dann seine Laufrichtung um.

Das Massé kommt bei einer sogenannten »Maske« zur Anwendung, einer Stellung, bei welcher Spielball II von Spielball I verdeckt ist, beide also auf der Tafel dicht zusammenstehen. Zu der kurzen Vorwärtsbewegung mit anschließender starker Rückwärtsbewegung des Stoßballs kommt noch eine bogenförmige Seitenbewegung. Die Dauer der Vorwärtsbewegung hängt vom Stoßwinkel ab, der Bogen vom Stoßpunkt. Kurz gesagt: Je größer der Stoßwinkel (Queuehaltung), desto stärker die Rückwärtsrichtung, je seitlicher der Stoßpunkt, desto größer der Bogen.

Die folgenden Abbildungen zeigen eine typische Piqué- und eine typische Massé-Situation.

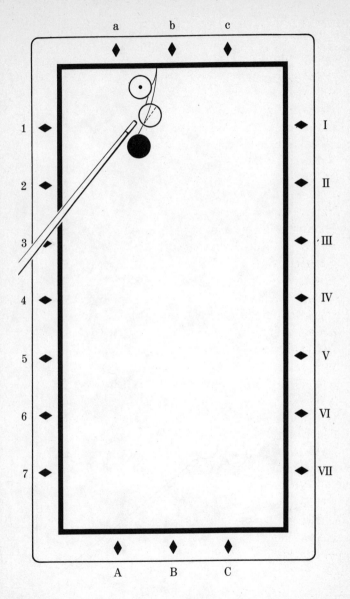

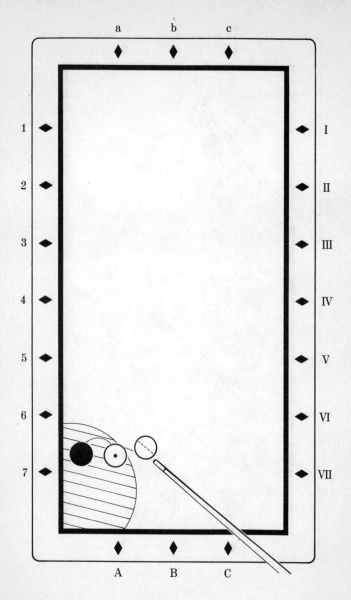

Beide Kopfstöße erfordern natürlich auch eine unübliche Handhaltung und Bockbildung.

Beim Piqué umfaßt die rechte Hand das Queue wie einen Kugelschreiber oder Füllfederhalter, mit Daumen, Mittel- und Zeigefinger. Der Bock wird so senkrecht wie möglich auf dem Tisch oder der Bande gebildet, wobei die linke Hand nach außen gedreht ist, die Innenfläche auf den Stoßball »schaut«, der Daumen abgespreizt und der Zeige- finger gekrümmt ist. Dadurch entsteht eine Art Bogen, durch den man, wenn die Handhaltung stimmt, fast den ganzen Ball sehen kann. Das hört sich nach Artistik an, ist aber keineswegs so kompliziert, sondern eine Frage der Gelenkigkeit. In der Rille zwischen Daumen und Zeigefin- ger findet das Queue die richtige Führung.

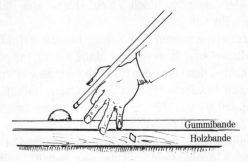

Gummibande
Holzbande

Bleibt abschließend zu sagen: »Wer gut schmiert, der gut führt!«, und das gilt insbesondere für Kopfstöße. Im Klar- text: Vor jedem Kopfstoß muß sorgfältig gekreidet werden. Regeln sind dazu da, daß man sich an sie hält. Auf die entsprechenden Richtlinien für Carambolage- und Pool- Billard kommen wir gleich. Zuvor aber noch eine kurze Geschichte über einen häufig auftauchenden Zeitgenossen, der sich nicht immer regelgerecht verhält – und das schließt Fairneß ein.

ZOCKER

Zockers Revier sind die Billardsalons im Rotlichtviertel. Zwar nicht ausschließlich, aber immerhin doch vorwiegend. Das hat naheliegende Gründe. Hierher verirren sich häufig Touristen, die die kleine, kunstvoll gestaltete Laterne über dem Eingang für das Markenzeichen eines Nobelbordells halten; haben sie aber erst einmal die Stiegen zum Salon oben erklommen, sind sie nach anfänglichem Verdruß über das unerwartete Bild begeistert von der Atmosphäre und schauen zu, mindestens. Die Mutigen unter ihnen mieten je nach Tages- oder Nachtzeit Tisch, Queue und Bälle und versuchen ihr Glück.

Andererseits kommen hier Spieler hin, die sich für groß-artig halten – und in gewissem Maße auch ganz passable Spieler sind –, den Gang der Bälle aber keineswegs umwer-fend lenken. Blasierte Typen mit dem Queue im Köfferchen, für die die Show fast wichtiger als das Spielen ist. Ohne sie könnte Zocker kaum leben.

Schließlich gibt es die Gruppe der fortgeschrittenen Anfänger, wie wir sie einmal nennen wollen. Die beherr-schen die Regeln der Billardkunst so einigermaßen und bringen dann und wann auch recht akzeptable Stöße hin, verwechseln dieses Anfängerglück aber mit Können. Und das veranlaßt sie, sich mit Zocker zu messen. Ihr Pech.

Zocker spielt Carambolage und Pool. Es ist anzunehmen, daß er täglich seine zwei bis drei Stunden mindestens an beiderlei Tischen verbringt, um Auge, Hand und Stoß zu trainieren. Insider kennen seine Trainingsstätten, aber das ist in diesem Zusammenhang nicht von Belang.

Zockers Auftritte erfolgen erfahrungsgemäß ab zehn Uhr abends, abhängig davon, in welchem Salon zuerst etwas los ist und welches Spielpublikum sich dann dort aufhält. Denn in den großen Billardsalons – ob nun Pool oder Karambolage – wechselt das Publikum fast im Ein- bis Zweistundenrhythmus.

Verblüffend ist, daß zuweilen auch Eingeweihte auf Zokkers Masche hereinfallen, die im Grunde denkbar schlicht ist, mit der er aber immer wieder Dumme findet und kassieren kann.

Aber der Reihe nach. Sehen wir uns das Ganze methodisch an. Der Mann an dem großen Turniertisch dort drüben ist offensichtlich ein Stümper. Er schiebt die Bälle haarsträubend gefühllos, sofern man überhaupt von Schieben sprechen kann. Er spießt sie eher auf, drischt mit unbeherrschten Queuebewegungen auf sie ein und stößt, als wolle er wen k. o. schlagen. Eine absolute Null ist das, soviel steht fest.

Mimik und Gestik sprechen für sich. Er verzerrt das Gesicht, wenn ausnahmsweise mal ein Stoß gelingt, und nickt heftig dazu. Er schüttelt den Kopf, wenn eine eindeutige, einfache Figur sich nach dem Stoß in Wohlgefallen auflöst, und stampft kräftig mit dem Fuß auf.

Irgendwann merkt die Null, daß sie eine Null ist, und paßt endgültig. Er packt die Bälle ins Kästchen und begibt sich in Richtung Tresen, hält dann aber unvermittelt bei einem Tisch, an dem sich ein Solist tummelt. Wie gebannt steht die Null da und verfolgt das Geschehen, das im Grunde nicht minder stümperhaft ist. Aber die Null zeigt Kennerblick und bekundet Respekt mit nachhaltigem Kopfnicken und anerkennend vorgeschobener Unterlippe.

Das registriert der Solist am Tisch mit Dankbarkeit. Endlich jemand, der sein Können zu würdigen weiß. Es ist eine Frage der Zeit, bis die Null und der Solist gemeinsam eine Partie spielen, wobei es fast immer erstaunlicherweise der Solist ist, der die Null dazu auffordert. Vielleicht hängt das damit zusammen, daß der Solist die Null zuvor aus den Augenwinkeln beobachtet hat und mit Gewißheit weiß: Wenn du schon schlecht bist, dann ist der saumäßig schlecht. Also kannst du nicht verlieren.

Inzwischen ist wohl klar, um wen es sich tatsächlich bei der Null handelt, die im Augenblick einen Zentralstoß spielt, wo doch ein Rückläufer angesagt wäre, im nächsten Moment Rechtseffet statt Linkseffet gibt und gerade jetzt das Queue bei einem völlig mißratenen Kopfstoß erst kurz vor dem Tuch wieder in ihre Gewalt bekommt. Natürlich, die Null verliert. Der Zocker verliert die erste Partie immer, wie beim Skat oder Poker oder Black Jack, bei Pharao und Baccara, was ein paar Häuser weiter offiziell oder im Hinterzimmer gespielt wird.

Und dann wird's ernst, weil der Zocker – die Null natürlich – ganz dreist vorschlägt, doch um die Tischmiete zu spielen. Unser Solist ist einverstanden. So läuft die nächste Partie auch tatsächlich für ihn, und unsere Null wirkt völlig geknickt. Fatalerweise aber fordert die Null Revanche, die der Solist der Fairneß halber kaum ablehnen kann. Die geforderte Revanche ist nun aber nicht irgendeine, nein, die Null möchte eine Vorbandenpartie. Zwanzig Punkte.

Der Solist ist skeptisch, aber dennoch guter Dinge. Wenn der Typ es denn absolut nicht lassen kann. »Um einen Zehner«, sagt die Null. ›Kein Problem‹, denkt der Solist. ›Da ist allenfalls die Tischmiete wieder weg.‹

Was geschieht? Unser Solist gewinnt wieder. Auch bei der nächsten Revanche, wobei unsere Null sich allerdings etwas gesteigert hat.

Der Ärger über den Mißerfolg steht unserer Null ins Gesicht geschrieben. Doch unverdrossen fordert sie eine weitere Revanche.

Nun hat der Solist aber Zeitprobleme. »Ich muß nach Hause«, sagt er. »Ist schon spät.«

»Geht doch ganz schnell«, sagt die Null. »Zehn Punkte, Zweibänder. Einsatz 'n Hunni.«

›Den Hunderter nehm' ich mit‹, denkt sich Solist. Und das ist der Anfang vom Ende, denn jäh entpuppt sich die Null als Zweibanden-As, und während Solist noch bei einem Punkt steht, hat Null bereits die zehn Punkte im Sack. Den Hunni auch. So ist Zocker eben. Ein guter Stundenverdienst, oder?

Wer glaubt, das sei's nun gewesen, irrt. Solist fordert nun seinerseits Revanche, meistens jedenfalls, weil er eben nicht merkt, mit wem er's zu tun hat. Und natürlich geht's um den nächsten Hunni. Manchmal macht's Zocker auch um 'nen Fuffi. Dann nämlich, wenn er seine Tour in den anderen Salons schon durch hat und sein Opfer ein bißchen hinhalten möchte. Ein Spiel verliert er üppig, Solist fordert erfahrungsgemäß zum nächsten auf und verdoppelt, und weg sind die zweihundert Piepen.

Angemerkt sein sollte hier, daß Zocker sich auf bestimmte Spielarten konzentriert. Bandenserie gibt's bei ihm nicht, bei der Karambolage. Und am Pool spielt er meist um Kunststückchen bzw. Kunststöße. Das kommt ganz auf den Tisch und die Lokalität an.

Zocker gehört zur Billardszene, und wenn man Bescheid weiß, passiert ja nichts. Aber kürzlich ist Zocker an den

Falschen geraten. An den Richtigen wäre vielleicht richtiger gesagt.

Da steht so ein junger Mann am Tisch – das obligatorische Köfferchen demonstrativ unter das Billard geschoben – und stößt Figuren. Immer wieder. Mal klappt's, mal nicht.

Zocker wütet am Nachbartisch. Heute ist er ziemlich spät dran und hat, wie wir erfahren haben, in drei anderen Salons schon einen Tausender gemacht. Sowas baut natürlich auf.

Der junge Mann spielt sehr selbstkritisch, was man bei Solisten selten findet, vor allem nicht bei Neulingen.

Zocker haut einen Ball über die Bande, und die Eingeweihten wissen: Jetzt macht er Schluß, offiziell zumindest.

Ganz »zufällig« rollt der Ball dem jungen Mann vor die Füße. Zocker eilt heran, bückt sich, entschuldigt sich und fragt dann, ob er denn mal mitspielen könne. »Alleine macht's ja keinen Spaß, und du kannst das ja scheinbar gut, Mann.«

»Sicher«, sagt der junge Mann. Wir zwinkern uns wissend zu und richten die Blicke auf den Tisch der beiden.

Natürlich verliert Zocker die zwei Partien ohne Geld. Dann kommt er auf den Punkt. »Ich spiele nicht um Geld«, sagt der junge Mann.

»Mensch, die zehn Mark«, meint Zocker. »Ich will's einfach wissen.«

»Na, schön«, meint der jungen Mann. Keine Frage, er gewinnt die Partie. Zocker verlangt die obligatorische Revanche und bekommt sie auch. Sein Gegner gewinnt. Auch bei der Vorbandenpartie. Und dann will's Zocker wie immer wissen.

»Zweibänder, auf zehn Punkte um 'nen Hunni?« fragt er.

Der junge Mann zuckt mit den Schultern und nickt zögernd.

»Okay«, sagt Zocker, »spielen wir um den Anstoß.«

Zocker gewinnt den Anstoß. Und dann zieht ihn der jungen Typ über den Tisch, daß es eine Freude ist, legt eine Zweibandenserie hin, daß es Zocker ganz anders wird. Aber Zocker gibt nicht auf und fordert Revanche für zwei Hunderter. »Freie Partie.«

Der junge Mann nickt.

Kurz und gut: Nachdem Zocker fünfhundert Mark verloren hatte, machte er Schluß. Er reichte die Scheine rüber und kam zu uns an den Tisch.

»Kennt ihr den?« fragte er sauer.

Peter kam dazu und grinste. »Du scheinbar nicht.«

»Wer is'n das?« wollte Zocker wissen.

»Der neue Meister von der Oberliga Nord«, erwiderte Peter.

»Blöder Hund«, meinte Zocker, »warum hast du mir das nicht gesagt?«

»Weil du sonst doch immer so stolz auf deine Menschenkenntnis bist, du Penner«, meinte Peter. Und dann: »Reg dich ab, ich geb' einen aus.«

»Na denn«, sagte Zocker. An dem Abend wurde es übrigens ziemlich spät, wegen Rosi, Kiki und Manuela, die für Zocker arbeiten. Aber das hat absolut nichts mit Billard zu tun.

Karambolage-Partien, Pool-Partien und Regeln

In Billardsalons oder an Tischen in Gaststätten wird üblicherweise die sogenannte »freie Partie« gespielt. Dabei geht es lediglich darum, so viele Karambolagen wie möglich zu erzielen, wobei für jede Karambolage ein Punkt gutgeschrieben wird.

Durch die Spielweise dieser Partien verrät sich der Anfänger, der sich »nur« bemüht, einzelne Karambolagen bzw. »Bälle« zu machen, ohne jedoch auf Serie zu spielen, also Stöße so zu überlegen und auszuführen, daß die Bälle anschließend in einem bestimmten Dessin miteinander in Verbindung stehen und weitere Karambolagen erzielt werden können.

Dafür ist ein Bandenspiel unerläßlich. Die Grundregeln für die freie Partie hinsichtlich der Spielgestaltung heißt deshalb: Die Bälle auf dem kürzesten Wege an die Bande führen und damit die sogenannte Bandenserie aufzunehmen.

Beschränken wir uns nachstehend auf die wichtigsten Regeln, wie sie beim »normalen« Spiel Anwendung finden. Ob Fehler nur zur Ablösung führen oder ob auch Minuspunkte abgezogen werden, und wenn ja, wieviele, hängt von der Vereinbarung ab, die die Spieler vor Spielbeginn getroffen haben. Üblicherweise werden die Punkte an der Markierung des Billards (der Punktetafel) festgehalten.

O Für jeden Stoß, bei dem eine Karambolage des Stoßballs mit den anderen Bällen erzielt wird, wird ein Punkt gutgeschrieben.

O Jeder Spieler darf so lange spielen, bis er einen Fehlstoß macht.

O Bei einem Fehler wird der Spieler abgelöst.

O Wird eine Karambolage nicht erzielt, wird das in jedem Fall als Fehlstoß gewertet.

Weitere Fehler sind:

O Das Erzielen einer Karambolage nach einem Kickser.

O Das Erzielen einer Karambolage, wenn der eigene Stoßball oder der gegnerische Ball zuvor mit dem Queue oder der Hand berührt wurden.

O Das Erzielen einer Karambolage durch Durchstoßen.

O Das Spielen des falschen Balles.

O Das Versprengen der Bälle, also wenn der Stoßball oder ein Spielball vom Billard herunterspringt.

O Stehen Stoßball und Spielball press, gilt es als Fehlstoß, wenn der den Stoßball berührende Ball weggestoßen wird.

O In Situationen, bei denen der Spieler auf dem Billard sitzen muß, um einen Stoß auszuführen, hat ein Fuß Bodenberührung zu haben. Als Fehler gilt, wenn dies nicht der Fall ist.

Eine der verbreitetsten Karambolage-Partien, die nichts weiter als eine Variante unter erschwerten Bedingungen darstellt, ist das Dreiband-Billard. Im Unterschied zur normalen Partie werden Karambolagen nur anerkannt, wenn der Stoßball vor Erreichen von Spielball II mindestens drei Bandenberührungen hatte. Gelingt das nicht, wird es als Fehler gewertet und der Spieler abgelöst. Ansonsten gelten dieselben Regeln wie bei der gewöhnlichen Karambolage.

Weitere Spielvarianten sind Einband- oder Zweiband-Karambolage. Die Namen verraten bereits, daß vor der Karambolage mit Spielball II eine ein- bzw. zweifache Bandenberührung des Stoßballes stattgefunden haben muß.

Außer bei Turnieren steht es den Spielern darüber hinaus frei, individuelle Absprachen über Spielbedingungen, Punkte und dergleichen zu treffen.

Bei der Cadrepartie ist das Spielfeld durch Kreidestriche in neun Felder unterteilt. Grundregel beim Cadrespiel ist, daß pro Feld jeweils nur eine Karambolage ausgeführt werden darf, was ein Serienspiel prinzipiell ausschließt.

In der Spielpraxis bedeutet das: Spielball I und Spielball II müssen nach dem Stoß ihr Feld verlassen.

Ist eine Karambolage im zweiten Feld erfolgt, darf die folgende wieder im ersten Feld stattfinden.

Die Kegelpartie

Schließlich die Regeln für eine der zahlreichen Kegelpartien, die früher sehr beliebt waren. Neben den drei Bällen werden fünf Kegel benötigt, einer davon als König. Dieser steht in der Mitte des Spielfeldes. Die anderen Kegel sind in einem Abstand, der gerade das Durchlaufen eines Balles erlaubt, um jeweils 90 Grad um diesen gruppiert. Der rote Ball steht auf der oberen Mouche, Spielball I auf der unteren Mouche. Der erste Spieler kann seinen Stoßball beliebig auflegen.

Zunächst muß Spielball I getroffen werden, anschließend kann der Spieler entweder mit Spielball II karambolieren oder soviele Kegel wie möglich umwerfen, jedoch ausschließlich als Doublé gespielt, also vorher über Bande.

Die Kombination aus Karambolage und Kegelball bringt

noch mehr Punkte ein. Werden Kegel auf direktem Wege umgestoßen, sei es durch den eigenen Stoßball, durch Spielball I oder Spielball II, zählen alle unmittelbar zuvor gemachten Punkte für den Gegner. Dazu kommen zwei Strafpunkte.

Werden durch den gegnerischen Ball oder durch den Karambolageball im Doublé Kegel umgestoßen und durch den eigenen Ball weitere, zählen die Punkte ebenfalls für den Gegner.

Schließlich profitiert der Gegenspieler auch davon, wenn durch die vom Stoßball umgeworfenen Kegel weitere umgeworfen werden. Dazu kommen ebenfalls zwei Strafpunkte.

Die Grundregel für die Kegelpartie lautet deshalb: Der eigene Ball darf weder direkt noch indirekt Kegel umwerfen. Er muß immer über die Bande zu einem der beiden Spielbälle geführt werden, die die Kegel umwerfen oder die Karambolage herbeiführen.

Nachstehend eine Wertungstabelle für die Kegelpartie:

	Pluspunkte	
	o. Karambolage	m. Karambolage
Karambolage allein	–	4
für 1 Kegel	2	6
für 2 Kegel	4	8
für 3 Kegel	6	10
für 4 Kegel	8	12
für 5 Kegel	15	19
für König allein	5	9
für Ball 2 (gegnerischer Ball, wenn dieser nichts umwirft)	4	8
für roten Ball, ohne einen Kegel umzuwerfen		8

Fehler werden wie folgt gewertet: Bei Herausspringen eines Balles werden dem Gegner zwei Punkte sowie die umgeworfenen Kegel gutgeschrieben. Zwei Punkte sowie Kegel werden berechnet, wenn der Karambolageball zuerst getroffen wird. Auch das Spielen des falschen Balles kostet zwei Punkte. Die Kegel werden nicht mitgezählt. Einen Verlustpunkt erhält man, wenn weder Spielball I noch Spielball II getroffen werden. Gelangt der Stoßball nicht in Richtung der beiden Bälle, zählt das zwei Verlustpunkte.

Kegeln Anno Tobak

Um die Jahrhundertwende war in den großbürgerlichen deutschen Billardzimmern das »Kegelboule« das beliebteste Gesellschaftsspiel. Es ähnelt der Kegelpartie sehr, nur daß hier ein einziger Ball Spielball für alle war – wenn mehr als zwei Spieler beteiligt waren – und daß der Spieler sich aussuchen konnte, auf welchen Ball er stoßen wollte. Die Punkterechnung beim Kegelboule erfolgte zudem etwas anders.

Weitere Varianten dieser Kegelboulepartie waren »Gründerboule« und »Multiplikator- oder Würfelboule«. Letzteres bot (und bietet vom Spiel her noch immer) zusätzlichen Reiz, weil unter dem König ein Würfel mit der Eins nach oben lag. Wurde der Würfel getroffen und auf eine höhere Zahl bewegt, multiplizierte man diese Zahl mit den gefallenen Kegeln bzw. der Karambolage.

Ran an den Pool

Das Poolbillard hat das französische Karambolagespiel heute an Beliebtheit weit übertroffen. Gründe dafür sind schwer zu finden. Sicherlich hängt aber sein Erfolg mit den Kommunikationsmöglichkeiten zusammen, die durch die Aufstellplätze gegeben sind.

Dabei ist diese scheinbar so typisch amerikanische Billardspielart keineswegs so neu, wie man gemeinhin glaubt. Zwei Sätze aus dem schon zitierten »Buch der Spiele« sprechen wohl für sich: »Das sogenannte deutsche Billard, welches in Deutschland selbst von dem französischen verdrängt worden ist, aber seine Bedeutung in anderen Ländern behauptete, hat in jeder Ecke und in der Mitte der langen Bande ein Loch, zusammen also sechs Löcher. Dieselben sind halbkreisförmig in die Tafel eingeschnitten, können aber bei einigen Billards durch Schieber von außen verschlossen werden; in sie werden die Bälle gemacht.«

Die Pooltische haben eine Spielfläche von zwischen 112 mal 224 cm (8-Fuß-Tisch) bis hin zu 127 mal 254 cm (9-Fußtisch). Die Platte besteht wie beim Karambolagetisch aus spannungsfreiem Schiefer oder Marmor und ist mit einem Tuch aus Wolle-Kunstfaser-Gemisch bespannt. Die Aufstellung erfolgt ebenfalls mittels Wasserwaage, um eine exakte Nivellierung zu erreichen.

Der Poolbillardspieler hat mehr Handwerkszeug als der Karambolagespieler. Neben dem Queue und dem Hilfsqueue, das zur Verlängerung des vorderen Führungsarmes dient, werden 16 verschiedenfarbige (Phenolharz-)Bälle benötigt, die sich wie folgt unterscheiden: Sieben vollfarbige Bälle, von eins bis sieben numeriert, sieben halbfarbige, von neun bis 15 numerierte Bälle, ein schwarzer Ball (Nummer acht) sowie ein weißer Spielball.

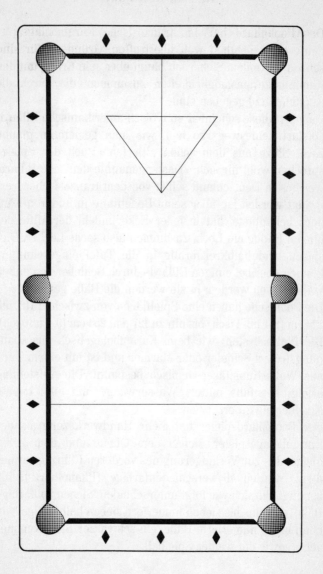

Der Poolbillard sieht folgendermaßen aus:

Das zum Karambolagebillard Gesagte, was zur Haltung des Spielers, zur Führung des Queue und zur Bockbildung zu den Stoßarten und natürlich zur Theorie beim Karambolagebillard gesagt wurde, gilt auch für's Poolbillard.

Bleibt also nur, auf die unterschiedlichen Partien mit ihren Regeln einzugehen und nebenbei vor diesen widerwärtigen Münzpooltischen zu warnen, die ein »regelrechtes« Spiel verhindern, weil durch die Sperre ein Wiederauflegen von Bällen nicht möglich ist bzw. mit einem geradezu aberwitzigen finanziellen Aufwand verbunden wäre.

Rotation

Eine typische Freizeit-Pool-Partie, die bei Turnieren nicht gespielt wird.

Hier geht es darum, von 120 möglichen Punkten als erster Spieler oder erste Mannschaft 61 zu erreichen. Dabei entspricht die Nummer jedes Balls den erzielbaren Punkten.

Gespielt wird mit sechzehn Bällen (15 farbigen und dem weißen Stoßball). Beim Aufsetzen der Bälle im Dreieck steht Ball eins am Fußpunkt, Ball Nummer zwei und Ball Nummer drei bilden die linke bzw. rechte Ecke des Dreiecks. Die restlichen Bälle werden beliebig eingesetzt.

Mit dem an beliebiger Stelle des Kopffeldes aufgesetzten Stoßball (oder Queueball) muß nun Zielball eins getroffen werden. Bevor der Stoßball einen anderen Ball trifft, muß er diesen Zielball berühren. Alle in die Taschen gespielten Bälle zählen, auch wenn der Zielball selbst nicht versenkt wurde.

Der Stoßball (weiß) wird von der Stelle weitergespielt, an der er zuletzt stand.

Als Fehler gilt, wenn

○ der Zielball oder kein anderer Ball in eine Tasche fällt;

○ der Stoßball den Zielball nicht berührt. Die dennoch in die Taschen gespielten Bälle werden neu aufgesetzt.

○ der Stoßball in eine Tasche fällt.

In allen Fällen wird der jeweilige Spieler abgelöst.

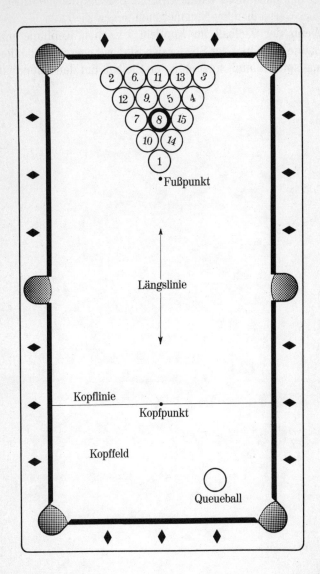

Ist der Zielball versenkt, wird der Ball mit der niedrigsten noch verbleibenden Nummer zum neuen Zielball.

Wenn der Zielball im Kopffeld zwischen Kopflinie und Bande steht und der Spieler den Stoßball ebenfalls von dort aus spielen muß, setzt man den Zielball auf den Fußpunkt.

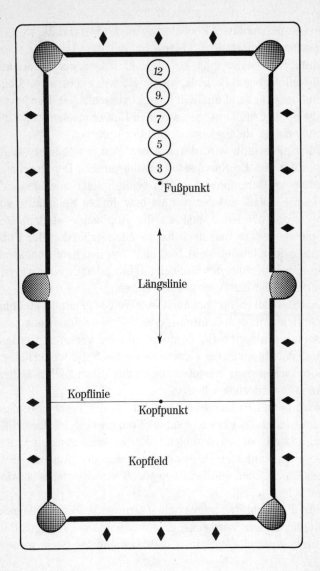

12

9.

7

5

3

● Fußpunkt

↕

Längslinie

Kopflinie

● Kopfpunkt

Kopffeld

8-Ball

Die wohl populärste Pool-Partie. Die fünfzehn Bälle werden wiederum im Dreieck aufgesetzt, mit der Acht in dessen Mitte. Ein Spieler spielt auf die vollfarbigen, der andere auf die halbfarbigen Bälle. Gewinner ist, wer zuerst seine Bälle und anschließend die Acht korrekt versenkt hat. Der jeweilige Spieler muß ansagen, welchen Ball er spielen will. Eine numerische Reihenfolge ist nicht erforderlich.

Vor Spielbeginn wird durch Ausspielen der Spieler ermittelt, der den Eröffnungsstoß ausführen soll. Das geschieht wie beim Carambolage, indem beide Spieler nacheinander einen Stoßball auf der rechten bzw. linken Spielhälfte auf die Kopflinie legen und an die Kopfbande stoßen. Der Spieler, dessen Ball nach Kopfbandenberührung der Fußbande am nächsten steht, bestimmt, wer den Eröffnungsstoß ausführt. Berührt der Stoßball die Längsbande oder wird er versenkt, ist das Ausspielen verloren.

Der Stoßball (beim Pool auch »die Weiße« genannt) steht im Kopffeld. Mit dem Eröffnungsstoß müssen mindestens zwei farbige Bälle eine Bande anlaufen oder versenkt werden. Andernfalls kann der Gegenspieler das Spiel weiterführen oder selbst neu anstoßen oder den Startspieler seinen Anstoß wiederholen lassen.

Wird beim Eröffnungsstoß die Acht in die Tasche gespielt, ohne daß dabei ein sogenanntes Foul erfolgte, ist der Eröffnungsstoß zu wiederholen. Wurde hingegen ein Foul gespielt, kann der Gegenspieler den neuen Anstoß selbst ausführen oder den Eröffnungsstoß vom Startspieler wiederholen lassen.

Für die Wahl der numerischen Gruppe bestehen folgende Möglichkeiten: Wird beim Eröffnungsstoß ein farbiger Ball versenkt, muß der Spieler die dazugehörige Serie weiter-

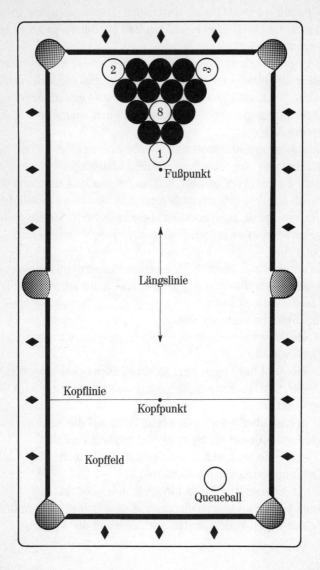

2

3

8

1

Fußpunkt

Längslinie

Kopflinie

Kopfpunkt

Kopffeld

Queueball

spielen. Werden farbige Bälle verschiedener numerischer Gruppen versenkt, wird durch den ersten von ihm bzw. seinem Gegenspieler versenkten Ball bestimmt, wer welche Gruppe spielt.

Der Spieler kann so lange weiterstoßen, wie er die angesagten Bälle seiner Farbgruppe ordnungsgemäß versenkt, auch wenn gleichzeitig Bälle des Gegenspielers versenkt werden. Versenkte gegnerische Bälle werden auch nach Fouls nicht wieder aufgesetzt.

Erlaubt sind Carambol- und Kombinationsstöße, wobei die Reihenfolge der einzelnen Bälle nicht angesagt werden muß. Zu beachten ist aber, daß zuerst ein Ball der eigenen Farbe gespielt werden muß, um einen bestimmten Ball der eigenen Farbe zu versenken. Begeht der Spieler ein Foul oder versenkt er keinen Ball in eine Tasche, wird er abgelöst.

Gewonnen hat, wer alle Bälle seiner Farbgruppe ordnungsgemäß versenkt und schließlich die Acht korrekt in die Tasche gespielt hat.

Das Spiel ist verloren, wenn,

○ die Acht vorzeitig in eine Tasche gespielt wird oder den Tisch verläßt;

○ die Acht mit einem Foul in eine Tasche gespielt wird;

○ die Acht in einer anderen als der angesagten Tasche versenkt wird;

○ der Stoßball (die Weiße) beim Spiel auf die Acht in eine Tasche fällt oder die Spielfeldbegrenzung verläßt;

○ ein Spieler dreimal hintereinander keinen korrekten Eröffnungsstoß spielen kann und

○ ein Spieler drei Fouls hintereinander begeht.

Auch beim Pool führen die unter »Carambolage« genannten Fehler neben vorgenannten zur Ablösung des Spielers.

15er Ball

Wie bei der »Rotation« gewinnt auch hier, wer zuerst 61 Punkte erreicht. Die Bälle werden wiederum in Dreiecksform über dem Fußpunkt aufgestellt. Der Ball mit der Nummer 15 steht an der Spitze des Dreiecks, an den sich die Zielbälle mit den nächstniedrigeren Nummern anschließen. Aus der Abbildung wird ersichtlich, daß die Bälle mit den niedrigsten Nummern ganz oben liegen. Mit dem Stoßball (der Weißen) wird nun auf die numerierten Bälle gespielt, wobei einer in einer Tasche versenkt oder zwei Bälle die Bande berühren müssen. Dabei ist es nicht erforderlich, anzusagen, welcher Zielball versenkt werden soll.

Die Punkte werden entsprechend den Nummern der Bälle erzielt. Folglich bringen die höher numerierten Bälle, die vorzugsweise anfangs zu versenken sind, mehr.

Wird kein Ball versenkt, kommt der Gegenspieler ans Spiel. Anstoßpunkt ist der Punkt, an dem der Stoßball zuletzt liegengeblieben ist.

Eine Ablösung – mit gleichzeitiger Wertung von drei Minuspunkten –, erfolgt, wenn

○ der weiße Stoßball in eine Tasche fällt;

○ der eigentlich abgelöste Spieler weiterspielt;

○ der Anstoßball nach dem Stoß nochmals vom Spieler berührt wird;

○ der weiße Stoßball gestoßen wird, so lange sich noch ein anderer Ball bewegt;

○ der Spieler nicht mindestens einen Fuß auf dem Boden hat.

Drei Minuspunkte werden ferner angerechnet, wenn beim Eröffnungsstoß kein Ball versenkt bzw. nicht zwei Bälle die Seitenbanden berühren. Wie beim Acht-Ball kann der Gegner eine Wiederholung des Anstoßes verlangen. Bleibt die

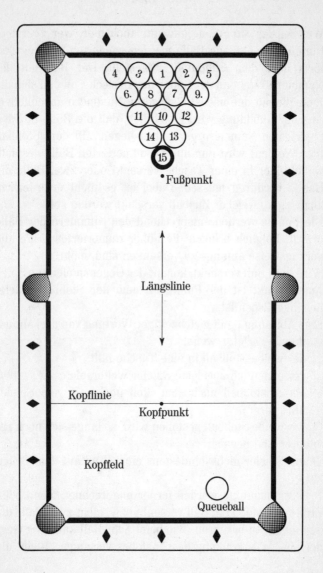

Wiederholung des Anstoßes wiederum erfolglos, werden weitere drei Minuspunkte berechnet. Mehrere gleichzeitige Fehler werden insgesamt nur mit drei Minuspunkten bestraft.

14.1-Endlos

Hier handelt es sich um eine punktmäßig offene Partie in dem Sinne, daß das Spiel bis zu jeder beliebigen Punktzahl (mindestens jedoch 50), gespielt werden kann. Daher die Bezeichnung »endlos«. Gewonnen hat, wer zuerst die geforderte bzw. vereinbarte Punktzahl erreicht hat. Im Unterschied zu anderen Poolpartien geht es beim 14.1-Endlos ausschließlich um Punkte, also um das regelgerechte Versenken von Bällen zur Erlangung der Punktzahl, und weniger um Taktik.

Eine Eigenart dieses Spiels ist, daß »angesagt« werden muß. Deshalb auch die Rubrizierung als »Ansagespiel«. Das heißt: Der Spieler muß sowohl den Ball als auch die Tasche, in die er ihn versenken will, bezeichnen. Für jeden angesagten und versenkten Ball erhält er einen Punkt. Jeder zusätzlich versenkte Ball bringt einen weiteren Punkt. Regelwidrig versenkte Bälle werden auf dem Fußpunkt oder der Längslinie wieder aufgesetzt.

Eine weitere Besonderheit beim 14.1-Endlos ist die sogenannte »Sicherheit«. Das bedeutet: Der Spieler kann einen Sicherheitsstoß ausführen, wenn andere Stöße nicht möglich sind. Dazu sagt er »Sicherheit« an und muß mit der Weißen einen farbigen Ball anspielen und diesen versenken, oder erreichen, daß der Stoßball oder ein farbiger Ball nach der Carambolage eine Bande abläuft. Beim Sicherheitsstoß versenkte Bälle werden auf dem Fußpunkt oder

der Längslinie wieder aufgesetzt. Nach einem Sicherheitsstoß erfolgt grundsätzlich Ablösung.

Zum Spielablauf: Die Anstoßermittlung erfolgt wie schon
erläutert. Der eröffnende Spieler kann den weißen Stoßball
von einem Punkt seiner Wahl innerhalb des Kopffeldes
spielen. Ein Spielbeginn ist sowohl mit Sicherheitsanstoß
als auch mit Ballansage möglich.

Der Spieler darf nacheinander vierzehn Bälle versenken.
Der fünfzehnte bleibt in Position auf dem Tisch. Die vierzehn versenkten Bälle werden wieder zum Dreieck aufgebaut, dessen Spitze aber freibleibt.

Recht kompliziert ist die Wertung von Fehlern und Fouls,
insbesondere die »15-Punkte-Strafe«. Die Regeln des Deutschen Pool-Billard-Bundes besagen, daß einem Spieler, der
drei Fouls hintereinander begeht, für jedes Foul ein Punkt
und zusätzlich weitere 15 Punkte abgezogen werden. Nachdem alle farbigen Bälle wieder zu einem Dreieck aufgebaut
sind, muß er einen Anstoß unter den gleichen Bedingungen
wie bei Spielbeginn ausführen.

In diesem Zusammenhang sei auf das »Pool-Billard«-Buch,
herausgegeben vom Deutschen Pool-Billard-Bund, verwie-
sen, in dem die gültigen Regeln ausführlich behandelt sind.

9-Ball

Diese Partie wird – der Name sagt es – mit neun Bällen
gespielt, nämlich dem weißen Stoßball und neun farbigen,
von eins bis neun numerierten Bällen. Die Bälle sind in
Form eines Rhombus' am Fuß des Tisches folgendermaßen
aufgestellt: Die Neun liegt im Zentrum, die Eins an der
Spitze, die Zwei an der linken Ecke, die Drei an der unteren
Ecke und die Vier an der rechten Ecke.

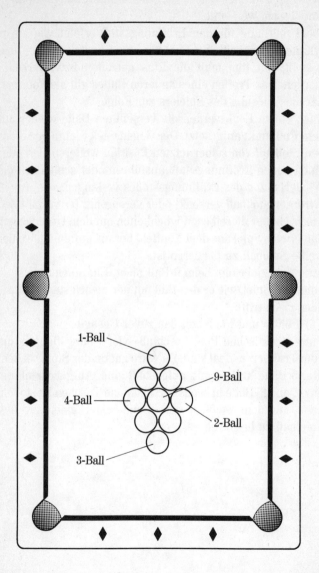

1-Ball

9-Ball

4-Ball

2-Ball

3-Ball

Gewonnen hat der Spieler, der die Neun ordnungsgemäß in eine Tasche versenkt.

Die Ermittlung für den Eröffnungsstoß erfolgt wie zuvor erläutert. Der weiße Stoßball wird zum Anstoß ins Kopffeld gestellt, mit ihm muß die Eins getroffen bzw. versenkt werden. Das Treffen eines anderen Balles gilt als Foul und hat die Ablösung des Spielers zur Folge.

Nach einem Foul werden die versenkten Bälle wieder auf dem Fußpunkt aufgesetzt. Der Gegenspieler kann entweder den Stoßball von seiner letzten Position weiterspielen oder einen neuen Eröffnungsstoß ausführen oder schließlich die Wiederholung des Eröffnungsstoßes verlangen.

Wird der Stoßball versenkt oder versprengt (er verläßt den Tisch), hat er dieselben Möglichkeiten mit dem Unterschied, daß er sein Spiel aus dem Kopffeld heraus aufnimmt, wo der weiße Stoßball zu plazieren ist.

Eine Ansage erfolgt beim 9-Ball nicht. Ein Spieler bleibt so lange am Spiel, wie er den Ball mit der niedrigsten Zahl auf dem Tisch trifft.

Für Fehler und Fouls gilt das zuvor Gesagte.

Zum »praktischen Pool-Abschluß« vier Übungsfiguren, die zum Trainieren ideal sind. Da wäre zuerst der Stoß, bei dem die 15 Bälle kreisförmig aufgestellt sind. Aufgabenstellung ist es, alle 15 Bälle in sechs verschiedene Taschen zu stoßen, ohne mit dem Stoßball eine Bande oder einen zweiten Spielball zu berühren.

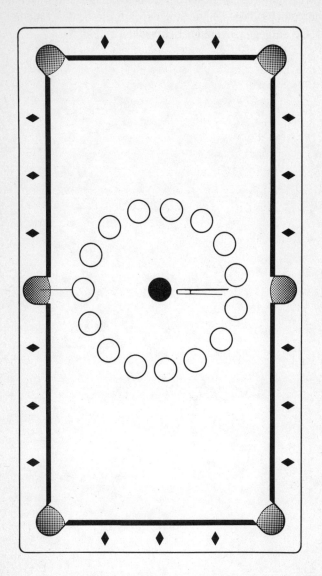

Kreuz und quer geht es bei dem folgenden Stoß. Der mit mäßiger Kraft gespielte Stoßball läßt die beiden Spielbälle in die entgegengesetzten Ecktaschen rollen.

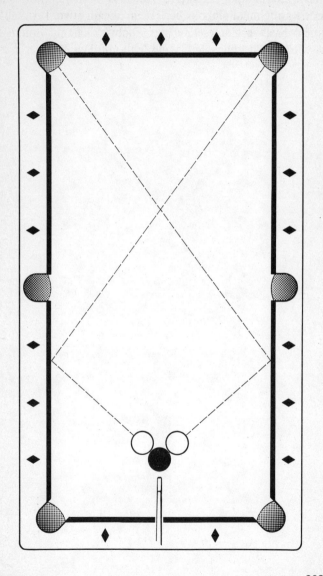

Nur Supermänner schaffen's, zumal im Film, alle fünfzehn Bälle auf einmal einzulochen. Dean Martin etwa. Drei tun's auch. Kleiner Unterschied zur Poolwirklichkeit: Spielball A wird direkt angespielt. Weiß fehlt auf dem Tisch.

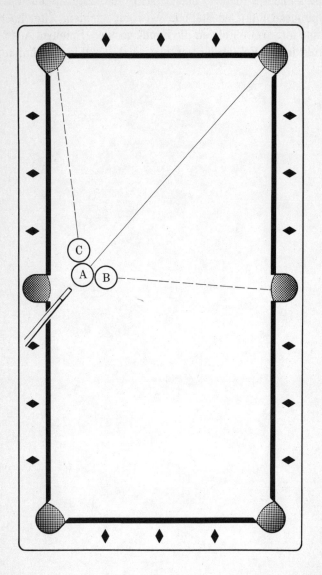

Da Zauberei immer beeindruckt, der Zauberstoß zum Übungsschluß. Der Stoßball wird mit leichtem Effet hoch links ins zweite Feld an die Bande gespielt. Spielball A versinkt in der Ecktasche, vorausgesetzt, der Winkel stimmte.

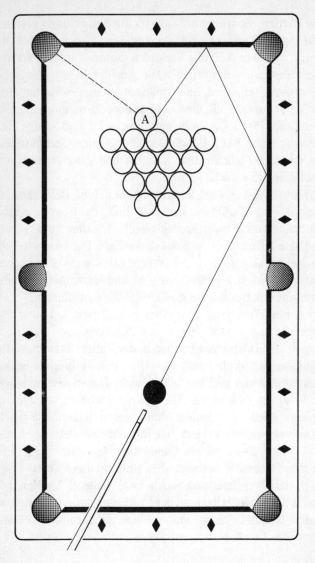

Besuch in der Vergangenheit

Die Partien, die früher auf dem »deutschen Billard« gespielt wurden, sind leider so gut wie vergessen. Eigentlich schade drum, weil sehr reizvolle Varianten darunter sind. Abschließend deshalb ein nostalgischer Ausflug in die deutsche Billardvergangenheit, die vielleicht – und sei's nur für zwischendurch – die eine oder andere Anregung gibt. Ein Handicap für die Ausführung mag sein, daß einige der erforderlichen Bälle allenfalls noch in Antiquitätengeschäften oder auf Flohmärkten zu finden sind. Aber die farbigen Poolbälle tun's auch.

Für die meisten Partien braucht man fünf Bälle. Da ist einmal die »Karoline«, der rote Ball, dann zwei weiße Stoßbälle sowie zwei Karambolbälle. Letztere unterscheiden sich durch Ringe verschiedener Zahl. Der eine wird als einfacher oder unterer, der andere als Kreuz- oder oberer Karambolball bezeichnet. Karoline und Karambolbälle faßt man mit der Bezeichnung »Karolinbälle« zusammen.

Noch ein Wort zum deutschen Billardtisch, bei dem die Bezeichnungen von denen aus Karambolage und Pool abweichen. Die kurzen Banden hatten einen Diamanten, die Längsbanden drei, womit eine Unterteilung in zwei beziehungsweise vier gleiche Teile erfolgte. Die so entstandenen Teile hießen »Kammern«. Die unterste Kammer, von der der Spieler stieß, war zudem durch einen feinen, ins Tuch gewebten Faden markiert. Der Raum zwischen dieser Linie und der nächsten kurzen Bande hieß »Quartier«.

In der Tischmitte befindet sich ein Mittelfleck (eine Mouche), daneben links und rechts zwei weitere. Am Schnittpunkt der Quartierlinie mit der Verbindungslinie der kurzen Bande befindet sich der untere Fleck, auf der anderen Seite der obere Fleck. Nun zum Spiel.

Die erste Partie trägt bezeichnenderweise den Namen »deutsche oder Karolinen-Partie«. Die Karoline steht auf dem Mittelfleck, der einfache Karambolball auf dem unteren, der Kreuzkarambolball auf dem anderen Fleck. Beim Spielbeginn wird der Stoßball aus der unteren Kammer in die obere Kammer gestoßen, ohne daß ein anderer Ball getroffen werden darf. Dies erfolgt lediglich in der Absicht, den Ball so zu stellen, daß beim nächsten Stoß ein Ball »gemacht« werden kann. Hat der Stoßball die Mittellinie zwischen den langen Banden nicht passiert, kann er zurückgenommen und neu angesetzt werden. Wird ein Ball getroffen, zählt das als Fehler, und der Gegenspieler kann bestimmen, ob der getroffene Ball stehenbleiben oder auf den Platz zurückgestellt werden soll.

Gelangt der Stoßball nicht in die obere Kammer, zählt das als Fehler, ebenso ein Rückrollen des Balles aus der oberen Kammer.

Nebenbei: Wer die Beschreibung dieses Anstoßes einmal gedanklich nachvollzieht, wird rasch die sehr deutlichen Ähnlichkeiten mit der Pooleröffnung feststellen. Wie auch im Folgenden.

Der anstoßende Spieler muß »Quartier« halten, was heißt, er darf die »Kopflinie«, die wir vom Pool kennen, nicht überschreiten. Innerhalb des Kopffeldes kann er den Ball setzen, wohin er will. Erschwerend kommt hinzu, daß man auch »Bande halten« muß, was bedeutet, daß man mit dem Unterteil des Körpers nicht über die Verlängerung der langen Bande hinausgehen darf.

Der Gegenspieler setzt seinen Stoßball ebenfalls in der unteren Kammer auf und muß auf einen beliebigen Ball in den oberen drei Kammern spielen. Üblicherweise ist das die Karoline (Rot), die aber nur in die Mittellöcher versenkt werden darf. Geht sie in ein Eckloch, zählt das für den

Gegenspieler sechs Punkte. Die anderen Bälle können in jedes beliebige Loch gespielt werden.

Folgen wir einer zeitgenössischen Anleitung weiter: »Jedesmal, wenn ein Spielball gemacht ist, muß der mit demselben Spielende ihn von neuem ins Quartier aussetzen: in diesem Fall ist der Spielball en mains. Mit einem ausgesetzten Ball darf man auf keinen im Quartier befindlichen Ball spielen und muß, falls sich alle Bälle dort befinden, einen Fehler geben oder brikolieren (den Spielball von der oberen Bande auf einen der im Quartier befindlichen Bälle abschlagen lassen).«

Gewonnen hat, wer zuerst 48 Punkte (Points) gemacht hat. Karoline »machen« zählt sechs Points, jeder Karambolball drei, jeder Spielball zwei Points.

Kompliziert wird die Wertung beim Karambolieren: Mit eigenem Ball vier Points, Karoline und Karambolball drei Points, ebenso Karoline und Stoßball drei Points. Das Treffen beider Karambolbälle bringt zwei Points, ebenso das Treffen von Karambolball und einem Stoßball. Versenkt man beide Karambolbälle, bekommt man fürs Machen (d. i. Versenken) sechs Points und fürs Karambolieren drei Points. Trifft man schließlich mit dem Stoßball drei oder alle vier Bälle, werden die einzelnen Karambolagen zusammengerechnet. Ob diese Rechnerei Grund fürs Ende der deutschen Billardpartie war?

Über mangelnden Einfalls-, sprich: Variantenreichtum war in billardspielenden Kreisen sicher nicht zu klagen. Das mögen allein die folgenden Partienamen verdeutlichen, ohne daß wir näher darauf eingehen. Neben der »Königspartie« gab es die »Fuchs- und Verlaufspartie«, die Karambolpartie (ohne Karoline gespielt), ferner die »Fangpartie«, die Zweiballpartie (oder partie blanche), die »Dreiballpartie« oder »Triambole« mit unterschiedlichen Regeln, dann die »Partie à la Boule«, die »Partie à la Ronde«, die »Pyramidenpartie« oder auch »Partie à la Figaro« (in England sehr beliebt und dort mit siebzehn Bällen gespielt), ferner das »Shell-out«, die »Partie à la Chasse« und schließlich die »Partie à la Guerre«.

Und wem das nicht genügt, dem wird die abschließende kleine Übersicht über die sogenannten »englischen Partien« vermitteln, welchen Stellenwert Billard gesellschaftlich hierzulande einmal hatte.

Die eigentliche »englische Partie« ähnelt der heutigen Karambolage, mit dem Unterschied, daß der rote Ball immer wieder auf den oberen Karambolpunkt zurückgestellt wurde. Dazu wurden gespielt »A la Royale«, »The Red Winning Cannon Game«, »Pool« (dies allerdings nicht identisch mit unserem heutigen Pool), »Single Pool«, »Nearest Ball Pool«, »Everlasting Pool«, »das amerikanische Spiel« und schließlich »Skittle Pool«.

Anhang

Kleines Billardlexikon

Abschlagwinkel (Zeichnung) Wird aus den Schenkeln ab und C gebildet. a b gibt an, in welcher Richtung der Ball die Bande verläßt, C ist eine gedachte Senkrechte auf die Bande. (Abb. 50)

Achse Darum dreht sich der laufende Ball. Ein geradeaus laufender Ball bewegt sich um eine horizontale Achse, ein durch Seiteneffet rotierender Ball um eine vertikale.

Anker Beim Cadre auf dem Matchbillard an den Endpunkten der Cadre-Linien im Bandenbereich eingezeichnete Quadrate von 178 mm Seitenlänge.

Anschlagwinkel (Zeichnung) Wird aus den Schenkeln an und C gebildet. An gibt die Ballrichtung zur Bande an, C ist eine gedachte Senkrechte auf die Bande (Abb. 51)

Anstoß Beginn einer Partie. Dazu werden für beide Spieler vom Schiedsrichter Stoßbälle in Höhe der Anstoßstrecke aufgesetzt. Die Bälle sind von den Spielern gleichzeitig an die obere kurze Bande zu spielen. Der Spieler, dessen Ball am nächsten an die untere kurze Bande zurückgelangt, hat den ersten Stoß.

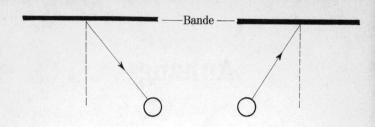

Aufnahme Beginnt, wenn der Spieler ans Spiel kommt, endet bei einem Fehler oder bei Partienende.

Aufsatz Ballfigur bei Beginn einer Partie oder bei Neuaufstellung.

Ausfallwinkel siehe Abschlagwinkel.

Ball Aus Elfenbein, Kunstharz oder Elfenbein-Kunstharz-Gemisch, Durchmesser 61,0 bis 61,5 mm lt. Internationalen Spielregeln; verschiedenfarbig; bei der Karambolage ein Ball weiß, ein Ball weiß mit Punkt, ein Ball rot. Empfindlich gegen plötzliche Abkühlung oder Erwärmung.

Bei den Darstellungen und Erklärungen sind weiß = Stoßball, Spielball I = der vom Stoßball zuerst getroffene Spielball (meist der Punktball), Spielball II = zuletzt getroffener Spielball (hier der rote Ball).

Bande Elastische Spielfeldbegrenzung, die an allen Stellen einen gleich genauen Abschlag geben muß. Bei guter Bandenbeschaffenheit sind bis zu neun Anbandungen möglich. – siehe Bandenabschlag.

Bandenabschlag Art von Ballannahme und -abgabe durch die Bande, abhängig von Profil, Materialqualität und Montageausführung. »Lebhafte« Banden lassen Bälle nicht zur Ruhe kommen, »tote« Banden erschweren wiederholtes Anbanden.

Bandenserie In der freien Partie eine an die Bande gespielte Serie durch dauernde Wiederherstellung gleicher Grundfiguren.

Begegnungsstoß Der nahe oder press an der Bande liegende dritte Ball wird vom zweiten an die Bande und damit dem Stoßball entgegengeschlagen, wodurch die Karambolage abschließt.

Bock Führung für das Queuevorderteil beim Stoß. Die Bockart ist abhängig von der Lage der Bälle und der auszuführenden Stoßart.

Brücke (auch Hilfsqueue) Heute kaum noch verwendetes Hilfsmittel, das dem Spieler bei schwer erreichbaren Figuren die Stoßführung erleichtern soll.

Cadre Erschwerte Spielart, bei der die Spielfläche durch Kreidestriche in rechtwinklige und quadratische Felder unterteilt ist.

Carotte Ballfigur mit großem Schwierigkeitsgrad, die (zur Verteidigung) absichtlich erzielt und dem Gegner hinterlassen wird. Dadurch kann das gegnerische Spiel negativ beeinflußt werden.

Contrestoß Ein Stoß, bei dem der Gegenstoß auf den Stoßball durch den nah an der Bande stehenden zweiten Ball zu berücksichtigen ist. (Siehe auch Preller)

Dessin Gewählte Lösungsform für eine Karambolage.

Diamanten In die Holzbanden eingelassene rauten- oder punktförmige Markierungen aus Perlmutt, Elfenbein o. ä., welche die Längsbanden in acht und die kurzen Banden in vier gleiche Abschnitte unterteilen.

Direkter Stoß Ein Stoß, bei dem der Spielball I ohne vorherige Bandenberührung zum dritten Ball gelangt. Contre- und Begegnungsstöße sind direkte Stöße.

Disziplin Bezeichnung für die Spielarten freie Partie, Cadre und Bandenspiele.

Doublé Ein indirekter Stoß, bei dem der Stoßball auf dem Weg zum dritten zwei verschiedene Richtungen hat.

Dreiband Spielart, bei welcher der Stoßball vor Erreichen von Spielball II mindestens drei Bandenberührungen hatte.

Druckstoß Bezeichnung für Stöße, bei denen der Stoßball durch besondere Stoßart und intensive Effetgabe eine starke Effetwirkung auf Spielball II überträgt.

Durchschnitt Ergibt sich aus der Zahl der erzielten Punkte (Karambolagen) geteilt durch die Zahl der Aufnahmen.

Durchstoß Regelwidrige Stoßausführung, bei der z. B. das Queue so lange mit dem Stoßball in Berührung bleibt, bis dieser Spielball I trifft.

Eckenabstrich Bei der freien Partie die Abteilung der vier dreieckigen Eckfelder durch Kreidestriche.

Effet Begriff für Drehungen des Stoßballes, die durch seitliches Treffen erzielt werden.

Einband Spielart, bei der der Stoßball vor Erreichen von Spielball I mindestens eine Bandenberührung gehabt haben muß.

Einfallwinkel (siehe Anschlagwinkel)

Einstellung Die Winkelverhältnisse und Abstände von Stoßball und Spielball I zueinander.

Faustbock Besondere Form der Bockbildung, meist für kurze Rückläufer.

Fehler Spielregelverstoß, der zur Ablösung des Spielers führt.

Griff Umfassen des Queueschaftes bei Vorschwingen und Abstoß.

Grifflänge Innerer Abstand zwischen Bockhand und Griffhand.

Indirekter Stoß Ein Stoß, bei dem der Stoßball erst nach ein- oder mehrmaliger Bandenberührung den dritten Ball erreicht. Nach Häufigkeit der Bandenberührung (und der damit erfolgenden Laufrichtungswechsel) spricht man von

Doublé (siehe dort), Triplé (Dreibanden), Quarten (Vierbänder), Quinten (Fünfbänder), Sexten (Sechsbänder) usw.

Karambolage Bezeichnung für das Spiel überhaupt. Eine Karambolage gilt als erzielt, sobald der Stoßball die beiden Spielbälle regelgerecht berührt hat.

Kickser Stöße, bei denen das Queueleder am Stoßball abgleitet. Hörbar durch ein »Kicksgeräusch«. Verursacht durch Treffen in der Kickszone, mangelhafte Bockbildung oder falschen Kreidegebrauch.

Kickszone Randbereich des Stoßballes von etwa 15 mm, auf den das Queue nicht auftreffen sollte.

Kopfstoß (siehe Steilstoß)

Kontakt Dauer der Berührung zwischen Queuespitze und Stoßball, unterschiedlich je nach Stoßvorgang.

Maske Ballstellung, bei welcher der zweite Ball den dritten verdeckt.

Massé Bestimmte Steilstoßform, wobei der meist vor- und zugleich seitlich laufende Stoßball ein oder zwei Kurven beschreibt.

Mouche Kreisförmige Markierungen auf dem Tuch, auf welche die Bälle bei der Eröffnung aufgesetzt werden. Der Stoßball liegt eine Handbreit neben der unteren Mouche, auf der sich der gegnerische Ball (Spielball I) befindet, Spielball II liegt auf der oberen Mouche.

Nachläufer Begriff für alle Stöße, bei denen der Stoßball nach vollem oder fast vollem Treffen von Spielball I diesem »nachläuft«.

Peitschenstoß Besondere Form von Rück- und Nachläufer bei geringem Abstand zwischen Stoßball und Spielball I.

Piqué Häufigste Form des Steilstoßes, bei der Ball I einen Vor- und einen Rückwärtslauf ausführt.

Piston Spitze des Queueoberteils, die das Queueleder aufnimmt.

Plazierung Lage der Bälle nach erfolgter Karambolage.

Preller (»Quetscher«) Ein Stoß, bei dem der Gegenstoß auf den Stoßball durch den press an der Bande stehenden zweiten Ball zu berücksichtigen ist. (Siehe Contrestoß)

Press Ein Ball, der direkt an der Bande liegt.

Queue Zwischen 138 und 144 cm lang, Gewicht zwischen 480 und 540 g, abhängig von Spielart und persönlichen körperlichen Voraussetzungen.

Queueachse Gedachte Linie in Längsrichtung durch die Mitte des Queues.

Rückläufer Tiefstoß, durch den der Stoßball nach Treffen des Zielballs zurückrollt und um mehr als 90° von seiner ursprünglichen Richtung abweicht.

Schmieren Kreiden. Alter Spruch: »Wer gut schmiert, der gut führt.«

Schnabel Teil des Queues von der Spitze bis zum Anfang der Bockhand.

Schnitt Ein Stoß, bei dem der Stoßball Spielball I feiner als ¼ voll trifft.

Schock Unerwünschte Nebenwirkung auf den Stoßball, der dabei Richtung und Bewegung verliert.

Seitlicher Zieher Stoß mit Tiefeffet, bei dem der Abschlagwinkel weniger als 90° beträgt. Er unterscheidet sich vom Rückläufer durch weniger tief gestoßenen Spielball und den seitlicher liegenden Treffpunkt am zweiten Ball.

Serie Mehrere Karambolagen hintereinander.

Spielball (Siehe Ball)

Steilstoß Alle Stöße, bei denen das Queue in einem Winkel von mehr als 40 Grad gegen die Platte geneigt wird.

Stoßball (Siehe Ball)

Stoßpunkt Die Kreisfläche am Stoßball, an der dieser vom Queueleder getroffen wird.

Stoßrichtung Bewegungsrichtung des Queues beim Stoß.

Entspricht beim geraden Stoß der verlängerten Queueachse.

Stoßstrecke Der Weg der Queuespitze vom Auftreffen auf den Stoßball bis zu dem Punkt, an dem dieser die Queuespitze verläßt.

Strichserie In engster Anlehnung an den Cadrestrich gespielt. Entspricht der Bandenserie der freien Partie, ihr Schwierigkeitsgrad ist jedoch höher.

System Bezeichnung für logischen, zielstrebigen Spielaufbau.

Tempo Ist der Lauf stärker als beabsichtigt, spricht man von »Übertempo«. »Untertempo« ist das Gegenteil. Einwandfreies Tempo ist für methodisches Spiel unerläßlich.

Touchieren Das Berühren eines der drei Bälle vor oder nach dem Abstoßen mit dem Queue, der Hand oder anderem. Nach dem Touchieren muß der Spieler absetzen.

Treffpunkt Der Punkt, an dem Spielball I vom Stoßball getroffen wird.

Versprengen Fast immer Folge eines zu starken Stoßes, wenn der Ball hoch und zugleich geneigt gestoßen wird und der zweite Ball nahe oder press an der Bande steht. Dadurch schnellt der Ball in die Höhe und über die Bande hinaus auf den Fußboden. Der Spieler verliert den Stoß.

Vorbänder Art der Karambolage, bei der der Stoßball vor Erreichen von Spielball I Bandenberührung gehabt haben muß.

Zentralstoß In die Ballmitte gerichteter Flachstoß.

Wichtige Anschriften

Deutscher Billard Bund
Steinheimer Str. 13
4650 Gelsenkirchen 2
Tel. 0209/39 51 78

Deutscher Pool-Billard-Bund
Postfach 1341
4050 Mönchengladbach
Tel. 02161/60 46 44

Empfehlenswerte Literatur:

Bach, Kühn: Pool-Billard, Falken Verlag, Niedernhausen,
    Bd. 484, 1988
Leffringhausen: Billard, Sportverlag, Berlin (DDR), 1985
Seischab: Das Billardspiel, Philler Verlag, Minden, 1971
Woerz: Billardbuch, Berlin, 1925, Reprint durch Sportverlag,
    Berlin (DDR), 1986

»*Ein rätselhaftes Vergnügen!*«

Als Band mit der Bestellnummer 68 020 erschien:

Seit über dreißig Jahren ist Zeus Weinstein im »stern« dem Täter auf der Spur. Dieses Buch bietet allen Verehrern des Privatdetektivs die Gelegenheit, es dem Meister gleichzutun und auf die Lösung der von Saul Samson aufgezeichneten Fälle zu kommen.

BASTEI
LÜBBE

»Die Technik des Reizens«

Als Band mit der Bestellnummer 68 022 erschien:

Der Bridge-Neuling eignet sich mit fortschreitender Lektüre die notwendigen spieltechnischen Kenntnisse an, er schult sein Gedächtnis und sein Urteilsvermögen und wird bald zum Kreis der begeisterten Bridgefreunde gehören.